Prof. Dr. Adolf Gerhard Coenenberg

Kostenrechnung und Kostenanalyse

Aufgaben und Lösungen

DR. ADOLF GERHARD COENENBERG
o. Prof. der Betriebswirtschaftslehre an der Universität Augsburg
unter Mitarbeit von Dipl.-Kfm. Stephan Jakoby,
Dipl.-Kfm. Georg Klein, Dipl.-Kfm. Egon Morper

Kostenrechnung und Kostenanalyse

Aufgaben und Lösungen

Die Deutsche Bibliothek – CIP-Einheitsaufnahme

> **Coenenberg, Adolf Gerhard:**
> Kostenrechnung und Kostenanalyse –
> Aufgaben und Lösungen / Adolf G. Coenenberg. Unter Mitarbeit von Stephan Jakoby ...
> – Landsberg/Lech : Verl. Moderne Industrie, 1997
>   ISBN 3-478-39850-9

© 1997 verlag moderne industrie, 86895 Landsberg am Lech
Alle Rechte, insbesondere das Recht der Vervielfältigung und Verbreitung sowie der Übersetzung, vorbehalten. Kein Teil des Werkes darf in irgendeiner Form (durch Fotokopie, Mikrofilm oder ein anderes Verfahren) ohne schriftliche Genehmigung des Verlages reproduziert oder unter Verwendung elektronischer Systeme gespeichert, verarbeitet, vervielfältigt oder verbreitet werden.
Umschlag: Gruber & König, 86150 Augsburg
Satz: Fotosatz H. Buck, 84036 Kumhausen
Druck und Bindung: Himmer Druck, 86167 Augsburg
Printed in Germany
ISBN 3-478-39850-9

Inhaltsübersicht

Vorwort 11

Erster Teil: System der Kostenrechnung 13
   1. Kapitel: Aufgaben und Systeme des Rechnungswesens 14
   2. Kapitel: Kostenartenrechnung 17
   3. Kapitel: Kostenstellenrechnung im System der Vollkostenrechnung 26
   4. Kapitel: Kostenträgerrechnung im System der Vollkostenrechnung 31
   5. Kapitel: Kostenstellenrechnung und Kostenträgerrechnung im System
            der Grenzkostenrechnung 41

**Zweiter Teil: Weiterentwicklungen und Anwendungsmöglichkeiten in der
            Vollkostenrechnung** 47
   6. Kapitel: Kalkulation öffentlicher Aufträge und Leistungen 48
   7. Kapitel: Erfahrungskurve als Instrument der Kostenkalkulation 55
   8. Kapitel: Prozeßkostenrechnung 65

**Dritter Teil: Weiterentwicklungen und Anwendungsmöglichkeiten in der
            Grenzkostenrechnung** 85
   9. Kapitel: Stufenweise Fixkostendeckungsrechnung 86
  10. Kapitel: Relative Einzelkosten- und Deckungsbeitragsrechnung 90
  11. Kapitel: Break-even-Analyse 93
  12. Kapitel: Entscheidungsorientierte Kostenbewertung und Programmplanung 113
  13. Kapitel: Bestimmung von Preisgrenzen 143

**Vierter Teil: Weiterentwicklungen und Anwendungsmöglichkeiten in der
            Kontrollrechnung** 159
  14. Kapitel: Formen der Plankostenrechnung 160
  15. Kapitel: Ergebnisabweichungsanalyse 173
  16. Kapitel: Kostenkontrolle für Projekte 185

Fünfter Teil: Kostenmanagement 191
  17. Kapitel: Target Costing und Product Life Cycle Costing 192
  18. Kapitel: Qualitätsbezogene Kosten und Kennzahlen 213

**Sechster Teil: Kosten- und Ergebnissteuerung im divisionalisierten
             Unternehmen** 219
  19. Kapitel: Verrechnungspreise 220
  20. Kapitel: Steuerungsinstrumente zur Erfolgsbeurteilung 226

Inhaltsverzeichnis

Vorwort 11

Erster Teil: System der Kostenrechnung 13

1. Kapitel: Aufgaben und Systeme des Rechnungswesens 14
    Aufgabe 1.1: Rechengrößen 14
2. Kapitel: Kostenartenrechnung 17
    Aufgabe 2.1: Kostenspaltung 17
    Aufgabe 2.2: Kalkulatorische Abschreibungen 21
    Aufgabe 2.3: Kalkulatorische Zinsen 23
3. Kapitel: Kostenstellenrechnung im System der Vollkostenrechnung 26
    Aufgabe 3.1: Innerbetriebliche Leistungsverrechnung 26
    Aufgabe 3.2: Verteilung der Gemeinkosten und Ermittlung von Zuschlagssätzen .. 29
4. Kapitel: Kostenträgerrechnung im System der Vollkostenrechnung 31
    Aufgabe 4.1: Mehrstufige Divisionskalkulation 31
    Aufgabe 4.2: Kostenstellenrechnung und Zuschlagskalkulation 32
    Aufgabe 4.3: Zuschlagskalkulation mit Bezugsgrößen 35
    Aufgabe 4.4: Äquivalenzziffernkalkulation 36
    Aufgabe 4.5: Umsatz- und Gesamtkostenverfahren 37
5. Kapitel: Kostenstellenrechnung und Kostenträgerrechnung
         im System der Grenzkostenrechnung 41
    Aufgabe 5.1: Betriebsabrechnung auf Grenzkostenbasis 41
    Aufgabe 5.2: Kostenträgerzeitrechnung nach Vollkosten und Grenzkosten 45

**Zweiter Teil: Weiterentwicklungen und Anwendungsmöglichkeiten
          in der Vollkostenrechnung** 47

6. Kapitel: Kalkulation öffentlicher Aufträge und Leistungen 48
    Aufgabe 6.1: Kalkulatorischer Gewinn und Selbstkostenerstattungspreis 48
    Aufgabe 6.2: Kalkulation öffentlich-rechtlicher Leistungen 50
7. Kapitel: Erfahrungskurve als Instrument der Kostenkalkulation 55
    Aufgabe 7.1: Lernrate 55
    Aufgabe 7.2: Stückkosten im Zeitvergleich 56
    Aufgabe 7.3: Stückkosten der Nullserie 59
    Aufgabe 7.4: Auftragskalkulation 60
    Aufgabe 7.5: Strategische Planung 62

8. Kapitel: Prozeßkostenrechnung 65
   Aufgabe 8.1: Allokationseffekt 65
   Aufgabe 8.2: Komplexitätseffekt 66
   Aufgabe 8.3: Degressionseffekt 68
   Aufgabe 8.4: Auftragskalkulation 70
   Fallstudie: Micro Comp. Inc. 72

Dritter Teil: Weiterentwicklungen und Anwendungsmöglichkeiten
             in der Grenzkostenrechnung 85

9. Kapitel: Stufenweise Fixkostendeckungsrechnung 86
   Aufgabe 9.1: Stufenweise Fixkostendeckungsrechnung 86
   Aufgabe 9.2: Artikelergebnisrechnung 88

10. Kapitel: Relative Einzelkosten- und Deckungsbeitragsrechnung 90
   Aufgabe 10.1: Deckungsbeitragsrechnung mit relativen Einzelkosten .. 90

11. Kapitel: Break-even-Analyse 93
   Aufgabe 11.1: Grundmodelle 93
   Aufgabe 11.2: Mengenänderungen in der Break-even-Analyse 96
   Aufgabe 11.3: Kosten- und Preisänderungen 99
   Aufgabe 11.4: Globale und differenzierte Fixkostenbehandlung im
                Mehrproduktunternehmen 102
   Aufgabe 11.5: Externe Break-even-Analyse 106
   Fallstudie: Precision Company 109

12. Kapitel: Entscheidungsorientierte Kostenbewertung und Programmplanung 113
   Aufgabe 12.1: Programmplanung bei einer Restriktion 113
   Aufgabe 12.2: Programmplanung alternativer Produkte 117
   Aufgabe 12.3: Deckungsbeiträge und Restriktionen 118
   Aufgabe 12.4: Programmplanung bei mehreren Restriktionen 119
   Fallstudie: Red Brand Konserven 122
   Fallstudie: General Paper Company 134

13. Kapitel: Bestimmung von Preisgrenzen 143
   Aufgabe 13.1: Preisuntergrenze für Zusatzauftrag 143
   Aufgabe 13.2: Preisuntergrenze für die Einstellungsentscheidung ... 147
   Aufgabe 13.3: Preisuntergrenze bei kurz- und langfristigem Absatzrückgang ... 153
   Fallstudie: Kartonpappe 156

Vierter Teil: Weiterentwicklungen und Anwendungsmöglichkeiten in der
             Kontrollrechnung 159

14. Kapitel: Formen der Plankostenrechnung 160
   Aufgabe 14.1: Systeme der Plankostenrechnung 160
   Aufgabe 14.2: Abweichungsanalysemethoden 163
   Aufgabe 14.3: Differenzierte Abweichungsanalysemethoden 167

15. Kapitel: Ergebnisabweichungsanalyse 173
    Aufgabe 15.1: Umsatzabweichung 173
    Aufgabe 15.2: Kostenabweichung 177
    Aufgabe 15.3: Fixe Kostenabweichung 183

16. Kapitel: Kostenkontrolle für Projekte 185
    Aufgabe 16.1: Grafische Analyse 185
    Aufgabe 16.2: Integrierte Kosten- und Leistungsanalyse 186

Fünfter Teil: Kostenmanagement 191

17. Kapitel: Target Costing und Product Life Cycle Costing 192
    Aufgabe 17.1: Bestimmung der »allowable costs« 192
    Aufgabe 17.2: Umsatzprognose und Rentabilitätsmaß 194
    Fallstudie: Pedalo AG 197

18. Kapitel: Qualitätsbezogene Kosten und Kennzahlen 213
    Aufgabe 18.1: Verlustfunktion nach Taguchi 213
    Aufgabe 18.2: Half-Life-Konzept – Basismodell 214
    Aufgabe 18.3: Half-Life-Konzept – Schneiderman-Modell 216

Sechster Teil: Kosten- und Ergebnissteuerung in divisionalisierten Unternehmen 219

19. Kapitel: Verrechnungspreise 220
    Aufgabe 19.1: Lenkungs- und Erfolgszuweisungsfunktion 220
    Aufgabe 19.2: Verrechnungspreise 223

20. Kapitel: Steuerungsinstrumente zur Erfolgsbeurteilung 226
    Aufgabe 20.1: Erfolgsbeurteilung von Divisionen 226

Vorwort

Dieser Aufgaben- und Lösungsband ist als ergänzende und vertiefende Lernhilfe zum Lehrbuch »Kostenrechnung und Kostenanalyse« gedacht. Er enthält zu allen Teilen des Lehrbuchs Aufgaben bzw. Fälle mit ausführlichen Lösungen. Das Übungsbuch ist auf die 3. Auflage von »Kostenrechnung und Kostenanalyse« abgestimmt. Da die Lösungen zu den Aufgaben bzw. Fällen ausführlich sind, ist ein in sich geschlossenes Übungsbuch entstanden, das auch losgelöst vom Lehrbuch verwendet werden kann.

An der Konzipierung, Zusammenstellung und Überarbeitung der Aufgaben und Lösungen haben aus meinem Mitarbeiterstab die Herren Dipl.-Kfm. Stephan Jakoby, Dipl.-Kfm. Georg Klein und Dipl.-Kfm. Egon Morper mitgewirkt. Sie sind deshalb als Mitarbeiter im Titel genannt. Darüber hinaus danke ich den Herren Dipl.-oec. Jochen Cantner, Dr. Thomas Fischer, Dr. Jochen Schmitz, Dr. Robert Wittmann sowie Herrn Kollegen Thomas Günther für ihre fachliche Unterstützung. Für die redaktionelle Mithilfe danke ich Frau bac.oec. Petra Schmöller und den Herren bac.oec. Kai Meußling und bac.oec. Michael Zapf.

Augsburg, Januar 1997

A. G. Coenenberg

Erster Teil:

System der Kostenrechnung

1. Kapitel: Aufgaben und Systeme des Rechnungswesens

Aufgabe 1.1: Rechengrößen

Die folgenden Geschäftsvorfälle eines Unternehmens (U) sind in das unten angegebene Klassifikationsschema einzuordnen, indem man die zutreffenden Kästchen mit den richtigen Beträgen versieht.

Geschäftsvorfälle:

a) U nimmt ein langfristiges Bankdarlehen in Höhe von 1.000.000,– DM auf.

b) U schreibt eine im Vorjahr für 80.000,– DM angeschaffte Maschine linear über fünf Jahre ab. Der Wiederbeschaffungspreis liegt bei 120.000,– DM.

c) U kauft Rohstoffe für 72.000,– DM per Scheck.

d) U verkauft Fertigerzeugnisse zu einem Preis von 320.000,– DM, der innerhalb des nächsten Monats zu bezahlen ist und der um 45.000,– DM über dem in der Finanzbuchhaltung und in der Kostenrechnung gewählten Wertansatz liegt.

e) U führt im Sachanlagevermögen eine Zuschreibung in Höhe von 40.000,– DM durch.

f) U verkauft eine schon ältere Maschine aus dem Anlagevermögen mit einem Buchwert von 0,– DM für 5.500,– DM in bar.

g) U kauft für 150.000,– DM Waren auf Ziel ein.

h) U tilgt einen Kontokorrentkredit von 250.000,– DM durch Überweisung vom Postgirokonto.

Fall	Einzahlung	Einnahme	Ertrag	Leistung	Auszahlung	Ausgabe	Aufwand	Kosten
a								
b								
c								
d								
e								
f								
g								
h								

Lösung zu Aufgabe 1.1:

Fall	Einzah-lung	Ein-nahme	Ertrag	Leistung	Auszah-lung	Ausgabe	Aufwand	Kosten
a	1.000.000							
b							16.000	24.000
c					72.000	72.000		
d		320.000	45.000	45.000				
e			40.000					
f	5.500	5.500	5.500					
g						150.000		
h					250.000			

a) Die Aufnahme eines Darlehens betrifft nur die liquiden Mittel eines Unternehmens, d. h. die Finanzrechnung. Die liquiden Mittel werden hier erhöht, womit es sich um eine Einzahlung handelt. Da es sich um eine interne Bewegung im Fonds handelt liegt keine Einnahme vor.

b) Bei einer Abschreibung handelt es sich um den Wert der in einer Periode verbrauchten Güter. In diesem Fall liegen Aufwand in Höhe der Abschreibungssumme (16.000,– DM) und, da in die Kostenrechnung der bewertete Güterverbrauch einfließt, Kosten in Höhe der aufgrund des Wiederbeschaffungswerts ermittelten Abschreibung (24.000,– DM) vor.

c) Es handelt sich hier um eine Verringerung der liquiden Mittel, d. h. um eine Auszahlung (72.000,– DM). Da sich weder Verbindlichkeiten noch Forderungen verändern, liegt ebenfalls eine Ausgabe in gleicher Höhe vor.

d) Der Verkauf der Fertigerzeugnisse führt zu einer Einnahme von 320.000,– DM (Wert der veräußerten Leistung). Da es sich um einen Zielverkauf handelt, liegt keine Einzahlung vor. Der Verkaufspreis liegt 45.000,– DM über dem in der Finanzbuchhaltung gewählten Wertansatz, d. h. der Fonds Reinvermögen verändert sich um die Differenz zwischen dem Zugang an Geldvermögen (320.000,– DM) und dem Abgang an Sachvermögen (275.000,– DM). Es liegt also ein Ertrag in Höhe von 45.000,– DM vor. Da dieser Ertrag im Rahmen der eigentlichen betrieblichen Tätigkeit erwirtschaftet wurde, handelt es sich hierbei auch um eine Leistung im Rahmen der Kostenrechnung in gleicher Höhe. Natürlich ist auch eine Bruttobetrachtung möglich: Danach wäre die Einnahme von 320.000,– DM als Ertrag und Leistung und der Vorratsabgang in Höhe von 275.000,– DM als Aufwand und Kosten zu betrachten. Die Differenz von 45.000,– DM ist dann Netto-Ertrag bzw. -Leistung.

e) Die Erhöhung des Sachanlagevermögens erhöht das Gesamtvermögen. Somit liegt ein Ertrag vor (40.000,– DM). Da Zuschreibungen außerordentlich bzw. nicht sachzielbezogen sind, handelt es sich nicht um eine Leistung.

f) Der Barverkauf führt zu einer Erhöhung der liquiden Mittel und somit zu einer Einzahlung (5.500,– DM). Da sich weder Verbindlichkeiten noch Forderungen verändern, liegt auch eine Einnahme in gleicher Höhe vor. Das Sachvermögen wird in Bezug auf das Gesamtvermögen mit dem bilanziellen Ansatz bewertet, d. h. es handelt sich ebenso um einen Ertrag (5.500,– DM). Der Verkauf der Maschine ist nicht sachzielbezogen bzw. der Gewinn aus dem Verkauf führt zu einem außerordentlichen Gewinn, deshalb liegt keine entsprechende Leistung vor.

g) Der Zieleinkauf führt zu keiner Veränderung bei den liquiden Mitteln, somit liegt keine Auszahlung vor. Die Verbindlichkeiten des Unternehmens erhöhen sich in Höhe des Kaufpreises und damit ergibt sich eine Veränderung des Fonds »Liquide Mittel + Forderungen – Verbindlichkeiten«. Es handelt sich also um eine Ausgabe.

h) Die Überweisung vermindert die liquiden Mittel und gleichzeitig die Verbindlichkeiten des Unternehmens. Es liegt somit eine Auszahlung (250.000,– DM) aber keine Ausgabe (fondsinterne Bewegung) vor.

2. Kapitel: Kostenartenrechnung

Aufgabe 2.1: Kostenspaltung

In einem Unternehmen soll eine Kostenspaltung in fixe und variable Kosten mit Hilfe mathematischer/statistischer Methoden durchgeführt werden. Für die vorangegangenen Perioden i liegen die folgenden Kosten-/Beschäftigungskombinationen vor:

Periode i	Beschäftigung$_i$ in Stück	Gesamtkosten$_i$ in TDM
1	5	200
2	5	180
3	9	200
4	10	250
5	11	220
6	13	250
7	15	250
8	15	310
9	18	330
10	19	280

a) Welche Gestalt nimmt eine Grafik mit allen Kosten-/Beschäftigungskombinationen an?

b) Zu welchem Ergebnis führt eine Kostenspaltung mit Hilfe des »Zweipunktverfahrens« (basierend auf den Punkten i = 1 bzw. i = 10)?

c) Zu welchem Ergebnis führt die Kostenspaltung, die mit Hilfe der statistischen Methode der linearen Regression durchgeführt wird?

d) Mit welchen Gesamtkosten muß, bei jeweiliger Anwendung der in b) und c) genannten Verfahren, bei einer Beschäftigung von 17 Stück gerechnet werden?

e) Wie ist allgemein die Tauglichkeit von mathematischer/statistischen Verfahren zur Kostenspaltung zu beurteilen?

Lösung zu Aufgabe 2.1:

a)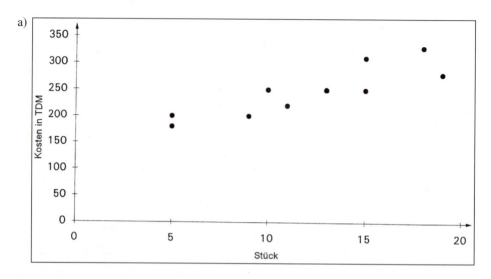

b) Die Kostenspaltung nach dem »Zweipunktverfahren« (»Hoch-Tiefpunkt-Verfahren«) stützt sich auf die Informationen über die entstandenen Gesamtkosten bei zwei unterschiedlichen Beschäftigungsgraden, wobei folgender Zusammenhang unterstellt wird:

$$K_i = K_f + k_v \times x_i$$

mit: x_i = Beschäftigungsgrad i
k_v = variable (proportionale) Kosten
K_f = fixe Kosten
K_i = Gesamtkosten beim Beschäftigungsgrad i

Die variablen und fixen Kosten auf Basis der Punkte 1 und 10 ergeben sich aus:

$$k_v = \frac{K_{10} - K_1}{x_{10} - x_1} = \frac{280 - 200}{19 - 5} \approx 5{,}714 \text{ TDM/Stück}$$

$$K_f = K_1 - k_v \times x_1 = 200 - 5{,}714 \times 5 = 171{,}43 \text{ TDM}$$

Mit der entsprechenden Kostengerade ergibt sich die folgende Grafik:

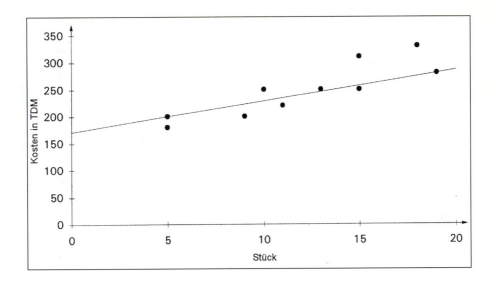

c) Beim Einsatz der linearen Regression zur näherungsweisen Bestimmung der Kostenfunktion benutzt man ausgehend von der bereits bekannten Gleichung

$$K_i = K_f + k_v \times x_i$$

zur Schätzung der fixen und variablen Kosten die folgenden Gleichungen (»Kleinste-Quadrate-Methode«):

$$k_v = \frac{\sum_{i=1}^{n}(x_i - \bar{x}) \times (K_i - \bar{K})}{\sum_{i=1}^{n}(x_i - \bar{x})^2}$$

$$K_f = \bar{K} - k_v \times \bar{x}$$

mit: $\bar{x}$ = durchschnittlicher Beschäftigungsgrad
$\bar{K}$ = durchschnittliche Gesamtkosten
n = Anzahl der Beobachtungspaare

Mit

$$\bar{x} = \frac{5 + 5 + 9 + 10 + 11 + 13 + 15 + 15 + 18 + 19}{10} = \frac{120}{10} = 12 \text{ Stück}$$

und

$$\bar{K} = \frac{200 + 180 + 200 + 250 + 220 + 250 + 250 + 310 + 280}{10} = \frac{2.470}{10} = 247 \text{ TDM}$$

erhält man die folgende Arbeitstabelle:

i	$x_i - \bar{x}$	$K_i - \bar{K}$	$(x_i - \bar{x}) \times (K_i - \bar{K})$	$(x_i - \bar{x})^2$
1	−7	−47	329	49
2	−7	−67	469	49
3	−3	−47	141	9
4	−2	3	−6	4
5	−1	−27	27	1
6	1	3	3	1
7	3	3	9	9
8	3	63	189	9
9	6	83	498	36
10	7	33	231	49
Σ	0	0	1.890	216

Für die variablen und fixen Kosten ergibt sich:

$$k_v = \frac{1.890}{216} = 8{,}75 \text{ TDM/Stück}$$

$$K_f = 247 - 8{,}75 \times 12 = 142 \text{ TDM}$$

Mit der Regressionsgeraden erhält man folgende Grafik:

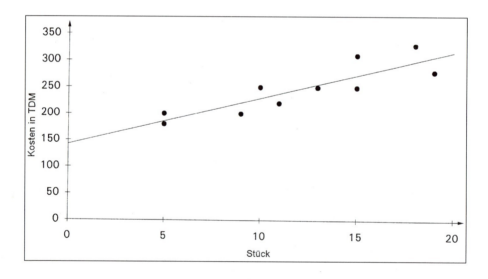

d) Schätzung der Gesamtkosten auf Basis des »Zweipunktverfahrens«:

$$K = K_f + k_v \times x = 171{,}43 + 5{,}714 \times 17 = 268{,}568 \text{ TDM}$$

Schätzung der Gesamtkosten auf Basis linearer Regression:

$$K = K_f + k_v \times x = 142 + 8{,}75 \times 17 = 290{,}75 \text{ TDM}$$

e) Beide dargestellten mathematischen/statistischen Verfahren führen letztlich zur Fortschreibung von Kostenstrukturen der Vergangenheit, weshalb die Ergebnisse im Rahmen einer Plankostenrechnung auf ihre Extrapolierfähigkeit geprüft werden müssen. Fehler (Fehlkontierungen) sowie preis- und verbrauchsbedingte Kostenabweichungen (Faktorpreise, Unwirtschaftlichkeiten) gehen in die Bestimmung der Kostenfunktion ein, ohne beschäftigungsabhängig zu sein. Die Anwendung des statistischen Verfahrens setzt zudem voraus, daß der Beschäftigungsgrad in ausreichendem Maße variiert, da sonst durch die starke Ballung von Diagrammpunkten die Rechenbarkeit des Verfahrens in Frage gestellt wird.

Aufgabe 2.2: Kalkulatorische Abschreibungen

Die Geschäftsleitung der Fastprint GmbH beschließt am Ende des Geschäftsjahrs 00 den Kauf einer Spezialdruckmaschine bei der Sinder AG. Die Maschine, deren voraussichtliche Nutzungsdauer fünf Jahre beträgt, wird am 01.01.01 geliefert und in Betrieb genommen. Der Kaufpreis beträgt 100.000,– DM. Nach dem Planungszeitraum ist von einem Restwert von 0,– DM auszugehen. Innerhalb der nächsten 10 Jahre ist keine technologische Weiterentwicklung bei Druckmaschinen zu erwarten. Aufgrund gestiegener Produktionskosten erhöht die Sinder AG, der einzige Lieferant von Maschinen dieses Typs, ihre Verkaufspreise Anfang Januar 03 um 10 %. Nach vier Jahren stellt sich heraus, daß die ursprüngliche Schätzung der Nutzungsdauer zu pessimistisch war. Man rechnet mit einer Verlängerung der Nutzungsdauer um drei Jahre.

a) Wie lautet der Abschreibungsplan, den der Finanzbuchhalter der Fastprint GmbH für die Spezialdruckmaschine zu erstellen hat, falls die Anlage linear abgeschrieben werden soll?

b) Welche Abschreibungsbeträge wird der Controller der Fastprint GmbH für die Spezialdruckmaschine in den einzelnen Perioden verrechnen?

Lösung zu Aufgabe 2.2:

a) Der Finanzbuchhalter der Fastprint GmbH errechnet die linearen Abschreibungsbeträge der einzelnen Perioden anhand folgender Formel:

$$a_t = \frac{AK - RW}{n} = \frac{100.000 - 0}{5} = 20.000,- \text{ DM}$$

mit: a_t = Abschreibungsbetrag der Periode t
AK = Anschaffungskosten
RW = Restwert
n = voraussichtliche Nutzungsdauer

Es ergibt sich folgender Abschreibungsplan:

Periode t	Abschreibungsbetrag der Periode t	Restbuchwert der Periode t
01	20.000	80.000
02	20.000	60.000
03	20.000	40.000
04	20.000	20.000
05	20.000	0

b) Die kalkulatorische Abschreibung wird in aller Regel der linearen Abschreibungsmethode folgen. Im Gegensatz zu seinem Kollegen hat der Controller der Fastprint GmbH die Abschreibungsbeträge aber nicht auf Anschaffungskosten-, sondern auf Wiederbeschaffungskostenbasis zu ermitteln. Er wird somit folgende Formel anwenden:

$$a_t = \frac{WBW - RW}{n} = \frac{100.000 - 0}{5} = 20.000,- \text{ DM}$$

mit: WBW = Wiederbeschaffungswert

Ab Periode 03 ist ein erhöhter Wiederbeschaffungswert zu berücksichtigen. Der neue jährliche Abschreibungsbetrag lautet:

$$a_t = \frac{WBW - RW}{n} = \frac{1,1 \times 100.000 - 0}{5} = \frac{110.000}{5} = 22.000,- \text{ DM}$$

Aufgrund der Fehleinschätzung der Nutzungsdauer ist der Abschreibungsbetrag für die Perioden 05–08 nochmals zu korrigieren:

$$a_t = \frac{WBW - RW}{n} = \frac{110.000}{8} = 13.750,- \text{ DM}$$

In den insgesamt acht Jahren Nutzung ergibt sich ein gesamter Abschreibungsbetrag von $2 \times 20.000 + 2 \times 22.000 + 4 \times 13.750 = 139.000,-$ DM. Durch die Korrekturen übersteigt die Gesamtabschreibung der Spezialdruckmaschine den kalkulatorischen Wiederbeschaffungswert um $139.000 - 110.000 = 29.000,-$ DM und die bilanziellen Anschaffungskosten um $139.000 - 100.000 = 39.000,-$ DM.

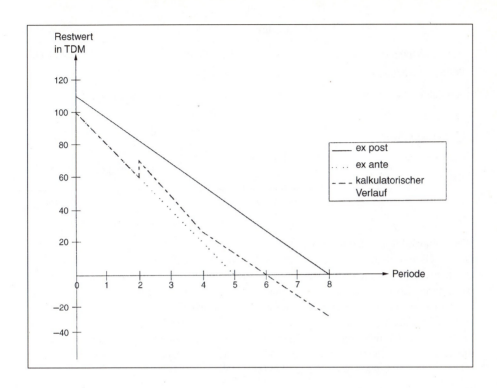

Aufgabe 2.3: Kalkulatorische Zinsen

Die Schaeffer AG weist in den Jahren 01 und 02 die folgenden Abschlußbilanzen auf:

Bilanz zum 31.12.01 in DM

Anlagevermögen		Eigenkapital	100.000
Werkstattgebäude	250.000	Fremdkapital	
vermietetes Wohnhaus	100.000	Verbindlichkeiten gegenüber Banken	300.000
Fahrzeuge	90.000	erhaltene Anzahlungen	40.000
Umlaufvermögen		Verbindlichkeiten aus Lieferungen und Leistungen	60.000
Forderungen	50.000		
Kasse	10.000		
Σ	500.000	Σ	500.000

23

Bilanz zum 31.12.02 in DM

Anlagevermögen		Eigenkapital	110.000
Werkstattgebäude	240.000	Fremdkapital	
vermietetes Wohnhaus	100.000	Verbindlichkeiten gegenüber Banken	280.000
Fahrzeuge	100.000	erhaltene Anzahlungen	50.000
Umlaufvermögen		Verbindlichkeiten aus Lieferungen und Leistungen	80.000
Forderungen	60.000		
Kasse	20.000		
Σ	520.000	Σ	520.000

Weiterhin sind folgende Daten bekannt:
Der durchschnittliche Zins für Staatsanleihen beträgt in diesem Zeitraum 10 %. Im Geschäftsbetrieb wird noch immer ein Pkw, der bilanziell bereits voll abgeschrieben wurde, für Auslieferungszwecke verwendet (kalkulatorischer Restwert 31.12.02: 5.000,– DM). Ende 02 beträgt der Wiederbeschaffungswert des bilanziell erfaßten Anlagevermögens 700.000,– DM und die kumulierten kalkulatorischen Abschreibungen 200.000,– DM. Der Wiederbeschaffungswert des Wohnhauses beträgt 200.000,– DM, die entsprechenden kumulierten kalkulatorischen Abschreibungen 100.000,– DM. Der Wert des Anlagevermögens zu kalkulatorischen Restbuchwerten Anfang 02 sei 395.000,– DM.

In welcher Höhe werden für das Jahr 02 kalkulatorische Zinsen in der Kosten- und Leistungsrechnung erfaßt?

Lösung zu Aufgabe 2.3:

Anhand folgender Schritte können die kalkulatorischen Zinsen für das Jahr 02 berechnet werden:

Erster Schritt:
Zunächst sind die nicht betriebsnotwendigen Vermögensgegenstände zu eliminieren, bzw. müssen bilanziell nicht aufgeführte, aber noch immer genutzte Vermögensgegenstände aufgenommen werden:

      Gesamtvermögen
   – vermietetes Wohnhaus
   + nicht bilanziell aufgeführter PKW
   = betriebsnotwendiges Vermögen

Zweiter Schritt:
Die notwendigen Vermögensteile des Anlagevermögens werden kalkulatorisch bewertet, um deren Restbuchwerte zu bestimmen:

Bewertung des Anlagevermögens	31.12.02
Wiederbeschaffungswert	700.000
− vermietetes Wohnhaus	200.000
+ bisherige Abschreibungen des Wohnhauses	100.000
+ PKW	5.000
− bisherige Abschreibungen des Anlagevermögens	200.000
= kalkulatorischer Restwert des Anlagevermögens	405.000

Dritter Schritt:
Der Wert des während der Periode 02 durchschnittlich gebundenen betriebsnotwendigen Vermögens errechnet sich wie folgt:

$$\varnothing BNV = \frac{AB_{BNV} + EB_{BNV}}{2} = \frac{AB_{BNAV} + AB_{BNUV} + EB_{BNAV} + EB_{BNUV}}{2}$$

$$= \frac{395.000 + (50.000 + 10.000) + 405.000 + (60.000 + 20.000)}{2} = 470.000,- \text{ DM}$$

mit: AB = Anfangsbestand
      EB = Endbestand
      BNV = betriebsnotwendiges Vermögen
      BNAV = betriebsnotwendiges Anlagevermögen
      BNUV = betriebsnotwendiges Umlaufvermögen

Vierter Schritt:
Berechnung des durchschnittlichen Abzugskapitals anhand der bilanziellen Durchschnittswerte der zinslos zur Verfügung gestellten Kapitalien (hier: erhaltene Anzahlungen und Verbindlichkeiten aus Lieferungen und Leistungen):

$$\frac{40.000 + 60.000 + 50.000 + 80.000}{2} = 115.000,- \text{ DM}$$

Fünfter Schritt:
Nunmehr können das durchschnittliche betriebsnotwendige Kapital bestimmt und die kalkulatorischen Zinsen berechnet werden:

betriebsnotwendiges Vermögen	470.000
− Abzugskapital	115.000
= betriebsnotwendiges Kapital	355.000

Damit ergeben sich kalkulatorische Zinskosten von $355.000 \times 10\% = 35.500,-$ DM.

3. Kapitel: Kostenstellenrechnung im System der Vollkostenrechnung

Aufgabe 3.1: Innerbetriebliche Leistungsverrechnung

In einem Betrieb existieren die drei Vorkostenstellen Reparaturwerkstatt, Energieversorgung und Zentrale EDV, die untereinander und mit der Gesamtheit der Endkostenstellen in folgenden Austauschbeziehungen stehen:

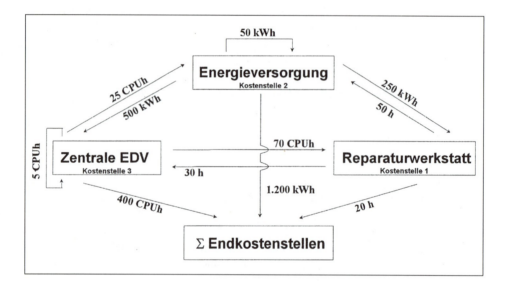

Für die einzelnen Vorkostenstellen entstanden die folgenden primären Gemeinkosten:

Reparaturwerkstatt	100.000,– DM
Energieversorgung	30.000,– DM
Zentrale EDV	50.000,– DM

a) Welche Verrechnungssätze ergeben sich bei Anwendung des Anbauverfahrens?

b) Welche Verrechnungssätze ergeben sich bei Anwendung des Stufenleiterverfahrens in Reihenfolge aufsteigender Kostenstellennummern?

c) Welche Verrechnungssätze ergeben sich bei simultaner Lösung mit Hilfe eines linearen Gleichungssystems?

Lösung zu Aufgabe 3.1:

a) Das Anbauverfahren vernachlässigt vereinfachend den innerbetrieblichen Leistungsaustausch zwischen den Vorkostenstellen. Damit errechnet sich der Verrechnungssatz in allgemeiner Form aus:

$$V_i = \frac{K_{pi}}{x_i - \sum_{j=1}^{n} a_{ij}}$$

mit: K_{pi} = primäre Kosten der Kostenstelle i
x_i = erstellte Leistungseinheiten der Kostenstelle i
a_{ij} = Leistung von Stelle i an Stelle j
V_i = Verrechnungssatz für eine Leistungseinheit der Kostenstelle i
für i, j = 1, ..., n.

Für die einzelnen Verrechnungssätze gilt somit:

$$V_1 = \frac{K_{p1}}{x_1 - \sum_{j=1}^{3} a_{1j}} = \frac{100.000}{100 - (0 + 50 + 30)} = \frac{100.000}{20} = 5.000,- \text{ DM/h}$$

$$V_2 = \frac{K_{p2}}{x_2 - \sum_{j=1}^{3} a_{2j}} = \frac{30.000}{2.000 - (250 + 50 + 500)} = \frac{30.000}{1.200} = 25,- \text{ DM/kWh}$$

$$V_3 = \frac{K_{p3}}{x_3 - \sum_{j=1}^{3} a_{3j}} = \frac{50.000}{500 - (70 + 25 + 5)} = \frac{50.000}{400} = 125,- \text{ DM/CPUh}$$

b) Bei Anwendung des Stufenleiterverfahrens werden nur die Leistungsbeziehungen der Kostenstellen in einer Richtung berücksichtigt. Gegenseitige Leistungsverflechtungen werden bewußt außer acht gelassen. In Hinblick auf die verursachungsgerechte Verrechnung sind die Ergebnisse dieses Verfahrens deshalb abhängig von der gewählten Reihenfolge der Umlage. Bei gegebener Reihenfolge erhält man:

$$V_1 = \frac{K_{p1}}{x_1 - a_{11}} = \frac{100.000}{100 - 0} = \frac{100.000}{100} = 1.000,- \text{ DM/h}$$

$$V_2 = \frac{K_{p2} + a_{12} \times V_1}{x_2 - a_{21} - a_{22}} = \frac{30.000 + 50 \times 1.000}{2.000 - 250 - 50} = \frac{80.000}{1.700} \approx 47,06 \text{ DM/kWh}$$

$$V_3 = \frac{K_{p3} + a_{13} \times V_1 + a_{23} \times V_2}{x_3 - a_{31} - a_{32} - a_{33}} = \frac{50.000 + 30 \times 1.000 + 500 \times 47,06}{500 - 70 - 25 - 5} = \frac{103.530}{400}$$

$$\approx 258,83 \text{ DM/CPUh}$$

c) Das lineare Gleichungssystem zur Beschreibung der Leistungsbeziehungen bei drei Vorkostenstellen hat folgende allgemeine Gestalt:

$$x_i \times V_i = K_{pi} + \sum_{j=1}^{n} a_{ji} \times V_j$$

mit: a_{ji} = Leistung von Stelle j an Stelle i
 V_j = Verrechnungssatz für eine Leistungseinheit der Kostenstelle j
für i = 1, 2, 3

daraus folgt:

$x_1 \times V_1 = K_{p1} + a_{11} \times V_1 + a_{21} \times V_2 + a_{31} \times V_3$
$x_2 \times V_2 = K_{p2} + a_{12} \times V_1 + a_{22} \times V_2 + a_{32} \times V_3$
$x_3 \times V_3 = K_{p3} + a_{13} \times V_1 + a_{23} \times V_2 + a_{33} \times V_3$

Im Fall ergeben sich die drei Ausgangsgleichungen:

(1) $\quad 100 \times V_1 = 100.000 + \quad 0 \times V_1 + 250 \times V_2 + 70 \times V_3$
(2) $2.000 \times V_2 = \quad 30.000 + 50 \times V_1 + \quad 50 \times V_2 + 25 \times V_3$
(3) $\quad 500 \times V_3 = \quad 50.000 + 30 \times V_1 + 500 \times V_2 + \quad 5 \times V_3$

Bei schrittweiser Substitution erhält man den folgenden Lösungsweg:

(1) $0 = 100.000 - 100\,V_1 + \quad 250\,V_2 + \quad 70\,V_3$
(2) $0 = \quad 30.000 + 150\,V_1 - 1.950\,V_2 + \quad 25\,V_3$
(3) $0 = \quad 50.000 + 130\,V_1 + \quad 500\,V_2 - 495\,V_3$

(4) $0 = 10.000 - \quad 10\,V_1 + \quad 25\,V_2 + \quad 7\,V_3 \quad\quad$ | (1) : 10
(5) $0 = 160.000 \quad\quad\quad\quad - 3.650\,V_2 + 120\,V_3 \quad\quad$ | (1) + 2 × (2)
(6) $0 = \quad 80.000 \quad\quad\quad\quad + 575\,V_2 - 474\,V_3 \quad\quad$ | (1) : 10 × 3 + (3)

(7) $0 = \quad\quad 10.000 - 10\,V_1 + \quad\quad 25\,V_2 + \quad 7\,V_3$ |
(8) $0 = \quad\quad 160.000 \quad\quad\quad - \quad 3.650\,V_2 + 120\,V_3$ |
(9) $0 = 85.440.000 \quad\quad\quad - 1.661.100\,V_2 \quad\quad\quad\quad$ | (5) × 474 + (6) × 120

$$\Rightarrow V_2 = \frac{85.440.000}{1.661.100} \approx 51{,}435796$$

$\Rightarrow$ (8) $0 = 160.000 - 3.650 \times 51{,}435796 + 120\,V_3$

$$\Rightarrow V_3 = \frac{27.740{,}654}{120} \approx 231{,}17211$$

$\Rightarrow$ (7) $0 = 10.000 - 10\,V_1 + 25 \times 51{,}435796 + 7 \times 231{,}17211$

$$\Rightarrow V_1 = \frac{12.904{,}1}{10} \approx 1.290{,}41$$

Man erhält also folgende gerundete Verrechnungspreise:

$\quad\quad\quad\quad\quad V_1 = 1.290{,}41$ DM/h
$\quad\quad\quad\quad\quad V_2 = \quad\; 51{,}44$ DM/kWh
$\quad\quad\quad\quad\quad V_3 = \; 231{,}17$ DM/CPUh

Aufgabe 3.2: Verteilung der Gemeinkosten und Ermittlung von Zuschlagssätzen

Die Surcharge Rate Corp. möchte für Produktkalkulationen die Zuschlagssätze ihrer Kostenstellen ermitteln. Dazu werden in der Kostenstellenrechnung vier Kostenstellen gebildet. Die in der Abrechnungsperiode angefallenen Gemeinkosten und deren Verteilungsschlüssel auf die einzelnen Kostenstellen ergeben sich aus folgender Tabelle:

Kostenarten	Gemeinkosten	Kostenschlüssel	Materialstelle	Fertigung I	Fertigung II	Verwaltung und Vertrieb
Gehälter	75.000	prozentual	20 %			80 %
Sozialkosten	260.000	Löhne und Gehälter				
Hilfsstoffe	120.000	prozentual		50 %	30 %	20 %
kalkulatorische Zinsen	45.000	investiertes Vermögen	100.000	410.000	640.000	50.000
kalkulatorische Abschreibung	135.000	investiertes Vermögen	100.000	410.000	640.000	50.000
kalkulatorische Miete	90.000	qm	1.000	4.000	3.000	2.000
Strom	225.000	kWh	4.000	50.000	36.000	10.000

In der Abrechnungsperiode sind Einzelmaterialkosten von 200.000,– DM und Fertigungslöhne von 250.000,– DM angefallen. Die Fertigungslöhne verteilen sich im Verhältnis 3 : 2 auf die Fertigungskostenstellen I und II.

a) Welche Gemeinkosten ergeben sich in den vier Kostenstellen?

b) Welche Gemeinkostenzuschlagssätze erhält man unter der Annahme, daß die Absatzgleich der Produktionsmenge ist, wenn als Zuschlagsbasis für die Materialgemeinkosten das Einzelmaterial, für die Fertigungsgemeinkosten die Fertigungslöhne und für die Verwaltungs- und Vertriebsgemeinkosten die Herstellkosten gewählt werden?

Lösung zu Aufgabe 3.2:

a) Die Fertigungslöhne (Einzelkosten) errechnen sich für Fertigungskostenstelle 1 aus $\frac{3}{5} \times 250.000 = 150.000$,– DM und für die Fertigungskostenstelle II aus $\frac{2}{5} \times 250.000 = 100.000$,– DM.

Mit gegebenen Verteilungsschlüsseln erhält man für die vier Kostenstellen die folgenden Ergebnisse:

Kostenarten	Materialstelle	Fertigung I	Fertigung II	Verwaltung und Vertrieb
Gehälter	$0{,}2 \times 75.000$ $= 15.000$			$0{,}8 \times 75.000$ $= 60.000$
Sozialkosten	$\dfrac{260.000}{325.000} \times 15.000$ $= 12.000$	$\dfrac{260.000}{325.000} \times 150.000$ $= 120.000$	$\dfrac{260.000}{325.000} \times 100.000$ $= 80.000$	$\dfrac{260.000}{325.000} \times 60.000$ $= 48.000$
Hilfsstoffe		$0{,}5 \times 120.000$ $= 60.000$	$0{,}3 \times 120.000$ $= 36.000$	$0{,}2 \times 120.000$ $= 24.000$
kalkulatorische Zinsen	$\dfrac{100.000}{1.200.000} \times 45.000$ $= 3.750$	$\dfrac{410.000}{1.200.000} \times 45.000$ $= 15.375$	$\dfrac{640.000}{1.200.000} \times 45.000$ $= 24.000$	$\dfrac{50.000}{1.200.000} \times 45.000$ $= 1.875$
kalkulatorische Abschreibung	$\dfrac{100.000}{1.200.000} \times 135.000$ $= 11.250$	$\dfrac{410.000}{1.200.000} \times 135.000$ $= 46.125$	$\dfrac{640.000}{1.200.000} \times 135.000$ $= 72.000$	$\dfrac{50.000}{1.200.000} \times 135.000$ $= 5.625$
kalkulatorische Miete	$\dfrac{1.000}{10.000} \times 90.000$ $= 9.000$	$\dfrac{4.000}{10.000} \times 90.000$ $= 36.000$	$\dfrac{3.000}{10.000} \times 90.000$ $= 27.000$	$\dfrac{2.000}{10.000} \times 90.000$ $= 18.000$
Strom	$\dfrac{4.000}{100.000} \times 225.000$ $= 9.000$	$\dfrac{50.000}{100.000} \times 225.000$ $= 112.500$	$\dfrac{36.000}{100.000} \times 225.000$ $= 81.000$	$\dfrac{10.000}{100.000} \times 225.000$ $= 22.500$
Σ	60.000	390.000	320.000	180.000

b) Mit den Ergebnissen aus a) errechnen sich die folgenden Zuschlagssätze:

Material-GK-Zuschlag: $\dfrac{60.000}{200.000} = 30\,\%$

Fertigung I-GK-Zuschlag: $\dfrac{390.000}{150.000} = 260\,\%$

Fertigung II-GK-Zuschlag: $\dfrac{320.000}{100.000} = 320\,\%$

Verwaltungs- u. Vertriebs-GK-Zuschlag: $\dfrac{180.000}{200.000 + 250.000 + 60.000 + 390.000 + 320.000}$

$= \dfrac{180.000}{1.220.000} \approx 14{,}75\,\%$

4. Kapitel: Kostenträgerrechnung im System der Vollkostenrechnung

Aufgabe 4.1: Mehrstufige Divisionskalkulation

Die Rothwild S.A.R.L. stellt ihren Rotwein »Pavillion rouge« in einem mehrstufigen Produktionsprozeß her. Für das abgelaufene Jahr liegen die folgenden Daten vor:

gekelterte Menge	10.000 l
eingelagerte Menge	95 % der gekelterten Menge
abgefüllte Menge	6.000 l
Lagerkosten	40.000,– DM
Kosten der Abfüllung	180.000,– DM
Gesamtkosten	400.000,– DM

a) Welche Kosten entstehen der Rothwild S.A.R.L. für einen Liter »Pavillon rouge« auf Basis einer dreistufigen Divisionskalkulation?

b) Mit welchen Kosten pro Liter ist bei sonst unveränderten Daten für das nächste Jahr zu rechnen, wenn aufgrund der ungünstigen Wetterlage mit einem Ernteeinbruch um 20 % zu rechnen ist?

Lösung zu Aufgabe 4.1:

a) Für die Berechnung der Kosten je Liter »Pavillion rouge« wird folgendes Schema verwendet:

1. Stufe (Keltern): $k_1 = \dfrac{K_1}{x_1}$

2. Stufe (Lagern): $k_2 = \dfrac{k_1 \times mx_1 + K_2}{x_2}$

3. Stufe (Abfüllung): $k_3 = \dfrac{k_2 \times mx_2 + K_3}{x_3}$

mit: K_i = Gesamtkosten der Periode auf der Stufe i
x_i = hergestellte Menge der Periode auf der Stufe i
k_i = Kosten je Liter der auf der Stufe i erzeugten (Vor-)Produkte
mx_i = Vorproduktmenge der Stufe i, die in der betreffenden Periode auf den nachfolgenden Stufen weiterverarbeitet werden

für i = 1, 2, 3.

Man erhält:

1. Stufe (Keltern): $k_1 = \dfrac{400.000 - 40.000 - 180.000}{10.000} = 18,- \text{ DM/l}$

2. Stufe (Lagern): $k_2 = \dfrac{18 \times 10.000 + 40.000}{0,95 \times 10.000} \approx 23,16 \text{ DM/l}$

3. Stufe (Abfüllung): $k_3 = \dfrac{23,16 \times 6.000 + 180.000}{6.000} \approx 53,16 \text{ DM/l}$

b) Die zu kelternde Menge reduziert sich auf $10.000 \times 0,8 = 8.000$ l. Ausgehend von dieser Menge erhält man:

1. Stufe (Keltern): $k_1 = \dfrac{400.000 - 40.000 - 180.000}{8.000} = 22,50 \text{ DM/l}$

2. Stufe (Lagern): $k_2 = \dfrac{22,50 \times 8.000 + 40.000}{0,95 \times 8.000} \approx 28,95 \text{ DM/l}$

3. Stufe (Abfüllung): $k_3 = \dfrac{28,95 \times 6.000 + 180.000}{6.000} = 58,95 \text{ DM/l}$

Aufgabe 4.2: Kostenstellenrechnung und Zuschlagskalkulation

Für die Umlage der Vorkostenstellen Wasser, Energie und Reparatur nach dem Stufenleiterverfahren liegen die folgenden Angaben über die Verbrauchsmengen vor:

Kostenstelle	Wasser in cbm	Energie in kWh	Reparatur-zeit in h
Wasser	–	–	–
Energie	480	–	–
Reparatur	800	2.000	–
Meisterbüro	–	1.000	–
Material	800	4.000	40
Fertigung I	3.200	8.000	240
Fertigung II	3.200	6.000	–
Verwaltung	400	3.600	36
Vertrieb	720	4.000	124

Die Umlage des Meisterbüros erfolgt im Verhältnis 1 : 2 auf die Kostenstellen Fertigung I und II. Für die Hauptkostenstellen gelten die folgenden Bezugsgrößen:

Material   9.000,– DM Einzelmaterialkosten
Fertigung I   420 Maschinenstunden
Fertigung II   335 Akkordstunden

Die Verwaltungs- und Vertriebsgemeinkosten in Höhe von 166.000,– DM sind als einheitlicher Zuschlag auf die Herstellkosten zu verteilen.

a) Welche Größen ergeben sich bei Vervollständigung des folgenden Betriebsabrechnungsbogens?

Kostenstelle	Wasser	Energie	Reparatur	Meisterbüro	Material	Fertigung I	Fertigung II	Verwaltung	Vertrieb
Primäre Gemeinkosten (Summe: 71.600)	2.400	5.600	1.600	4.000	6.000	16.000	22.000	9.000	5.000
Umlage Wasser									
Umlage Energie									
Umlage Reparatur									
Umlage Meisterbüro									
Summe Gemeinkosten (71.600)									
Zuschlagssatz									

b) Für ein Produkt, das beide Fertigungsstellen durchläuft, liegen die folgenden stückbezogenen Angaben vor:

$$\begin{array}{ll} \text{Einzelmaterial} & 15,\text{– DM} \\ \text{Einzellöhne} & 10,\text{– DM} \\ \text{Maschinenzeit} & 30 \text{ min} \\ \text{Akkordzeit} & 15 \text{ min} \\ \text{Sondereinzelkosten des Vertriebs} & 6,\text{– DM} \end{array}$$

Wie hoch belaufen sich die mit Hilfe einer Kombination aus Bezugsgrößen- und Zuschlagskalkulation berechneten Selbstkosten je Stück?

Lösung zu Aufgabe 4.2:

a) Die Vorkostenstellen werden anhand des vorgegebenen Stufenleiterverfahrens proportional zu den von ihnen an die übrigen Kostenstellen abgegebenen Leistungen wie folgt umgelegt:

Kostenstelle	Wasser	Energie	Reparatur	Meisterbüro	Material	Fertigung I	Fertigung II	Verwaltung	Vertrieb
Primäre Gemeinkosten (Summe: 71.600)	2.400	5.600	1.600	4.000	6.000	16.000	22.000	9.000	5.000
Umlage Wasser		120	200	–	200	800	800	100	180
Umlage Energie			400	200	800	1.600	1.200	720	800
Umlage Reparatur				–	200	1.200	–	180	620
Umlage Meisterbüro						1.400	2.800	–	–
Summe Gemeinkosten (71.600)					7.200	21.000	26.800	10.000	6.600
Zuschlagssatz					$\frac{7.200}{9.000}$ = 80 % auf Einzelmaterialkosten	$\frac{21.000}{420}$ = 50,– DM pro Maschinenstunde	$\frac{26.800}{335}$ = 80,– DM pro Akkordstunde	$\frac{16.600}{166.000}$ = 10 % auf Herstellkosten	

b) Die Selbstkosten je Stück ergeben sich aus folgendem Kalkulationsschema:

	Einzelmaterial	15,– DM
+	Materialgemeinkosten (0,8 × 15)	12,– DM
+	Einzellöhne	10,– DM
+	Fertigungsgemeinkosten I (50 × 0,5)	25,– DM
+	Fertigungsgemeinkosten II (80 × 0,25)	20,– DM
=	Herstellkosten	82,– DM
+	Verwaltungs- und Vertriebsgemeinkosten (0,1 × HK)	8,20 DM
+	Sondereinzelkosten des Vertriebs	6,– DM
=	Selbstkosten	96,20 DM

Aufgabe 4.3: Zuschlagskalkulation mit Bezugsgrößen

Für ein Produkt, das fünf aufeinanderfolgende Arbeitsvorgänge durchlaufen muß, liegen die folgenden Daten vor:

Fertigungsstellen	Bezugsgrößen Art	Menge pro Stück	Kostensätze
1	Bedienungsminute	6	0,25 DM/Min.
2	Fertigungsminute	15	0,41 DM/Min.
3	Maschinenminute	12	0,80 DM/Min.
4	Fertigungsminute	18	0,30 DM/Min.
5	Prüfminute	6	0,20 DM/Min.

Es werden pro Stück 4 kg der Einzelmaterialart A und 3 m der Einzelmaterialart B eingesetzt. Die Materialpreise betragen 2,50 DM/kg und 4,– DM/m. Die Materialgemeinkosten betragen 5 % der Einzelmaterialkosten.

Für die Herstellung jeder Einheit ist eine Lizenzgebühr von 1,05 DM/Stück zu zahlen. Die Verwaltungsgemeinkosten betragen 6 %, die Vertriebsgemeinkosten 8 % der Herstellkosten. Außerdem fallen Verpackungskosten von 1,40 DM/Stück und Verkaufsprovisionen von 5 %, bezogen auf den Marktpreis von 60,– DM/Stück, an.

a) Wie hoch belaufen sich die Herstellkosten pro Stück?

b) Wie berechnen sich die Selbstkosten pro Stück?

Lösung zu Aufgabe 4.3:

a) Die Herstellkosten je Stück berechnen sich aus:

Einzelmaterial A (4 × 2,50)	10,00 DM
B (3 × 4)	12,00 DM
= Materialeinzelkosten	22,00 DM
+ Materialgemeinkosten (0,05 × 22)	1,10 DM
Fertigungsstelle 1 (6 × 0,25)	1,50 DM
2 (15 × 0,41)	6,15 DM
3 (12 × 0,80)	9,60 DM
4 (18 × 0,30)	5,40 DM
5 (6 × 0,20)	1,20 DM
+ Fertigungskosten	23,85 DM
+ Lizenzgebühr	1,05 DM
= Herstellkosten	48,00 DM

b) Die Selbstkosten je Stück ergeben sich aus:

Herstellkosten	48,00 DM
+ Verwaltungsgemeinkosten (0,06 × 48)	2,88 DM
+ Vertriebsgemeinkosten (0,08 × 48)	3,84 DM
+ Verpackungskosten	1,40 DM
+ Provision (0,05 × 60)	3,00 DM
= Selbstkosten	59,12 DM

Aufgabe 4.4: Äquivalenzziffernkalkulation

Die Carrara Fabricatione stellt polierte Marmorplatten her. Die Kostenhöhe wird vor allem durch die zu polierende Oberfläche beeinflußt. Die gesamten Herstellkosten beliefen sich auf 557.700,– DM. Oberflächen und Produktionsmengen der drei Produkte im Abrechnungszeitraum sind in folgender Übersicht zusammengestellt:

Produkt	Oberfläche	Stückzahl
Fensterbänke	1.200 cm^2	2.000
Treppenstufen	4.800 cm^2	1.250
Tortenplatten	600 cm^2	300

Welche Herstellkosten je Stück und Produktart ergeben sich bei einer Äquivalenzziffernkalkulation für die einzelnen Produkte?

Lösung zu Aufgabe 4.4:

Für die jeweiligen Produkte können die angegebenen zu behandelnden Oberflächen als Äquivalenzziffern verwendet werden. Für 1.000 cm^2 wird eine Äquivalenzziffer von 1 gewählt. Damit erhält man folgende Tabelle:

Produkt	Nr. i	Äquivalenzziffer a_i	Stückzahl x_i	Recheneinheiten $a_i \times x_i$
Fensterbänke	1	1,2	2.000	2.400
Treppenstufen	2	4,8	1.250	6.000
Tortenplatten	3	0,6	300	180

Die Herstellkosten pro Recheneinheit (HK_{RE}) berechnen sich aus:

$$HK_{RE} = \frac{\text{Gesamte HK}}{\sum_{i=1}^{n} a_i \times x_i} = \frac{557.700}{2.400 + 6.000 + 180} = \frac{557.700}{8.580} = 65,- \text{ DM/RE}$$

Damit ergeben sich für die drei Produkte die folgenden Herstellkosten pro Stück (HK_i) aus der Formel

$$HK_i = a_i \times HK_{RE}$$

sowie die gesamten Herstellkosten jeder Produktart:

$$\text{Gesamte HK je Produktart} = HK_i \times x_i$$

Produkt	Nr. i	HK_i	Gesamte HK je Produktart $HK_i \times x_i$
Fensterbänke	1	1,2 × 65 = 78,– DM	78 × 2.000 = 156.000,– DM
Treppenstufen	2	4,8 × 65 = 312,– DM	312 × 1.250 = 390.000,– DM
Tortenplatten	3	0,6 × 65 = 39,– DM	39 × 300 = 11.700,– DM
Σ			557.700,– DM

Aufgabe 4.5: Umsatz- und Gesamtkostenverfahren

Gegeben sei die folgende Betriebsabrechnung:

Zu Aufgabe 4.5:

Kostenstelle / Kostenarten	Σ Kosten- arten	Vorkostenstellen		Endkostenstellen				
		Reparatur	Transport	Material	Fertigung I (Teilefert.)	Fertigung II (Montage)	Verwaltung	Vertrieb
A) Einzelkosten:								
1. Fertigungsmaterial	118.000							
2. Fertigungslohn	90.000				40.000	50.000		
B) Gemeinkosten:								
3. Gehälter	70.000	3.000	2.000	7.000	3.000	7.000	28.000	20.000
4. Energie	20.000	1.000	1.000	900	5.000	10.600	1.000	500
5. Versicherungen	10.000	500	1.000	1.000	2.500	2.500	2.000	500
6. Abschreibungen	100.000	8.000	5.000	7.000	25.000	46.000	8.000	1.000
7. andere GK	70.000	15.500	6.000	14.500	12.500	14.500	5.000	2.000
8. Σ primäre GK	270.000	28.000	15.000	30.400	48.000	80.600	44.000	24.000
9. Reparatur	28.000		1.000	2.000	7.500	9.000	3.500	5.000
10. Transport	16.000			3.000	4.500	7.000	500	1.000
11. Σ primäre u. sekundäre GK	270.000	(28.000)	(16.000)	35.400	60.000	96.600	48.000	30.000
12. Bezugsbasis				Mat.-EK	Fert. I-Lohn	Fert. II-Lohn	HK	HK
13. Zuschlagssatz				30 %	150 %	193,2 %	12 %	7,5 %

Ferner sei die folgende Kalkulation der beiden Fahrradtypen Standard und Luxus gegeben:

	Kostenart	Standard	Luxus
	1. Fertigungsmaterial	88,– DM	148,– DM
	2. Material-GK (30 % auf 1.)	26,40 DM	44,40 DM
=	3. Materialkosten (1. + 2.)	114,40 DM	192,40 DM
	4. Fertigungslohn		
	a) Teilefertigung	40,– DM	40,– DM
	b) Montage	40,– DM	60,– DM
	5. Fertigungs-GK		
	a) Teilefertigung (150 % auf 4.a))	60,– DM	60,– DM
	b) Montage (193,2 % auf 4.b))	77,28 DM	115,92 DM
=	6. Fertigungskosten (4. + 5.)	217,28 DM	275,92 DM
=	7. Herstellkosten (3. + 6.)	331,68 DM	468,32 DM
	8. Verwaltungskosten (12 % auf 7.)	39,80 DM	56,20 DM
	9. Vertriebskosten (7,5 % auf 7.)	24,88 DM	35,12 DM
=	10. Selbstkosten (7. + 8. + 9.)	396,36 DM	559,64 DM

In der betrachteten Periode, auf die sich die Betriebsabrechnung bezieht, wurden von jedem Typ je 500 Stück produziert und je 400 Stück abgesetzt. Der Verkaufspreis je Stück von Standard war 440,– DM, der Verkaufspreis je Stück von Luxus war 550,– DM. Anhand dieser Angaben ist eine Kostenträgerzeitrechnung (Betriebsergebnisrechnung) nach dem Umsatz- und nach dem Gesamtkostenverfahren zu erstellen.

Lösung zu Aufgabe 4.5:

Betriebsergebnisrechnung nach Umsatzkostenverfahren:

Umsatz (400 × 440 + 400 × 550)	396.000,– DM
– Herstellkosten des Umsatzes (400 × 331,68 + 400 × 468,32)	320.000,– DM
= Bruttoergebnis	76.000,– DM
– Verwaltungskosten	48.000,– DM
– Vertriebskosten	30.000,– DM
= Betriebsergebnis	–2.000,– DM

Betriebsergebnisrechnung nach Gesamtkostenverfahren:

Umsatz (400 × 440 + 400 × 550)	396.000,– DM
+ Bestandserhöhung fertige Erzeugnisse (100 × 331,68 + 100 × 468,32)	80.000,– DM
= Gesamtleistung	476.000,– DM
– Materialkosten	118.000,– DM
– Personal (Fertigungslöhne, Gehälter)	160.000,– DM
– Abschreibungen	100.000,– DM
– Sonstige Kosten (Energie, Versicherung, andere GK)	100.000,– DM
= Betriebsergebnis	–2.000,– DM

5. Kapitel: Kostenstellenrechnung und Kostenträgerrechnung im System der Grenzkostenrechnung

Aufgabe 5.1: Betriebsabrechnung auf Grenzkostenbasis

Als Kalkulationsgrundlage für Entscheidungen bei gegebenen Kapazitäten möchte ein Unternehmen die Kostenstellenrechnung auf Grenzkostenbasis durchführen. Dazu liegt bereits der nachfolgende Betriebsabrechnungsbogen vor (vgl. folgende Seite).

a) Welche Zuschlagssätze erhält man bei Vervollständigung des Betriebsabrechnungsbogens auf Grenzkostenbasis?

b) Wären die Zuschlagssätze auf Vollkostenbasis höher oder niedriger ausgefallen?

Zu Aufgabe 5.1:

Kostenstelle / Kostenarten	Σ Kostenarten		Vorkostenstelle Kantine		Endkostenstelle Material		Endkostenstelle Fertigung		Endkostenstelle Vertrieb	
			fix	variabel	fix	variabel	fix	variabel	fix	variabel
Einzelkosten: Fertigungsmaterial Fertigungslohn	200.000 400.000					200.000		400.000		
Gemeinkosten: Gehälter/Löhne Abschreibungen sonstige GK	150.000 220.000 30.000		10.000 5.000 500	8.000 2.000	10.000 30.000 2.500	10.000 1.000	30.000 105.000 1.000	8.500	82.000 80.000 2.000	
Σ primäre GK	400.000		15.500	10.000	42.500	11.000	136.000	8.500	164.000	12.500
Umlage Kantine										
Σ primäre und sekundäre GK										
Bezugsbasis					Material-EK		Lohn-EK		variable HK	
Zuschlagssatz										

Für die Verrechnung der innerbetrieblichen Leistungen der Kantine liegen die folgenden Informationen vor:

	Kantine		Material		Fertigung		Vertrieb		Gesamtleistung der Vorkostenstelle
	fix	variabel	fix	variabel	fix	variabel	fix	variabel	
Kantine, Anzahl gelieferter Menüs	–	–	450	525	900	9.000	3.525	600	15.000

Lösung zu Aufgabe 5.1:

a) Zunächst muß der Verrechnungssatz für die Leistungen der Kantine ermittelt werden:

$$\text{Verrechnungssatz für ein Menü} = \frac{10.000}{15.000} \approx 0{,}67 \text{ DM/Menü}$$

Damit läßt sich der Betriebsabrechnungsbogen zu folgender Aufstellung vervollständigen (vgl. folgende Seite).

Die zur Ermittlung des Vertriebsgemeinkostenzuschlags benötigten variablen Herstellkosten ergeben sich aus folgender Rechnung:

Materialeinzelkosten	200.000,– DM
+ Grenz-Materialgemeinkosten (5,675 %)	11.350,– DM
= Σ Grenz-Materialkosten	211.350,– DM
+ Fertigungslöhne	400.000,– DM
+ Fertigungsgemeinkosten (3,625 %)	14.500,– DM
= Σ Grenz-Fertigungskosten	414.500,– DM
= Σ Grenz-Herstellkosten	625.850,– DM

b) Die Zuschlagssätze auf Vollkostenbasis wären deutlich höher ausgefallen (Materialgemeinkostenzuschlag 27,075 %, Fertigungsgemeinkostenzuschlag 37,775 %), da sowohl bei der Vorkostenstelle als auch bei den Endkostenstellen die fixen und variablen Gemeinkosten ins Verhältnis zur jeweiligen Zuschlagsbasis gesetzt würden. Als Folge davon reagieren vollkostenorientierte Zuschlagskalkulationen in ihrer absoluten Höhe deutlich stärker auf Änderungen der Zuschlagsbasis als grenzkostenorientierte.

Zur Lösung der Aufgabe 5.1:

Kostenstelle / Kostenarten	Σ Kostenarten	Vorkostenstelle Kantine		Material		Endkostenstelle Fertigung		Vertrieb	
		fix	variabel	fix	variabel	fix	variabel	fix	variabel
Einzelkosten: Fertigungsmaterial Fertigungslohn	200.000 400.000				200.000		400.000		
Gemeinkosten: Gehälter/Löhne Abschreibungen sonstige GK	150.000 220.000 30.000	10.000 5.000 500	8.000 2.000	10.000 30.000 2.500	10.000 1.000	30.000 105.000 1.000	8.500	82.000 80.000 2.000	
Σ primäre GK	400.000	15.500	10.000	42.500	11.000	136.000	8.500	164.000	12.500
Umlage Kantine				300	350	600	6.000	2.350	400
Σ primäre und sekundäre GK	400.000	15.500	–	42.800	11.350	136.600	14.500	166.350	12.900
Bezugsbasis		keine Umlage	–	keine Umlage	Material-EK	keine Umlage	Lohn-EK	keine Umlage	variable HK
Zuschlagssatz					$\frac{11.350}{200.000} = 5,675\%$		$\frac{14.500}{400.000} = 3,625\%$		$\frac{12.900}{625.850} \approx 2,061\%$

44

Aufgabe 5.2: Kostenträgerzeitrechnung nach Vollkosten und Grenzkosten

In einem Einproduktbetrieb wurden in zwei nacheinander liegenden Quartalen je 1.000 Einheiten hergestellt. Verkauft wurden im ersten Quartal 800 Einheiten, im zweiten Quartal 1.200 Einheiten. Der Verkaufspreis je Einheit liegt nach Abzug direkter Vertriebseinzelkosten bei 180,– DM.

Folgende Kostensituation je Quartal liegt vor:

Herstellkosten		120.000
davon fix	80.000	
davon variabel	40.000	
Verwaltungskosten (= fixe Kosten)		20.000
Vertriebskosten (= fixe Kosten)		20.000
Σ		160.000

a) Welche Ergebnisse liefert die Betriebsergebnisrechnung nach dem Vollkosten- und nach dem Grenzkostenprinzip auf der Grundlage der Umsatzkostenrechnung?

b) Wie sind die Unterschiede im Ergebnisausweis zu begründen?

Lösung zu Aufgabe 5.2:

a) <u>Ergebnisrechnung Vollkostenprinzip</u>   <u>Ergebnisrechnung Grenzkostenprinzip</u>

	1. Quartal	2. Quartal		1. Quartal	2. Quartal
Umsatz	144.000	216.000	Umsatz	144.000	216.000
– Herstellkosten d. Umsatzes	96.000	144.000	– Variable Herstellkosten d. Umsatzes	32.000	48.000
= Bruttoergebnis	48.000	72.000	= Deckungsbeitrag	112.000	168.000
			– Fixe Herstellkosten	80.000	80.000
– Verwaltungskosten	20.000	20.000	– Verwaltungskosten	20.000	20.000
– Vertriebskosten	20.000	20.000	– Vertriebskosten	20.000	20.000
= Betriebsergebnis	8.000	32.000	= Betriebsergebnis	–8.000	48.000

b) Über beide Quartale betrachtet, ist das summierte Ergebnis in beiden Fällen 40.000,– DM. Die Aufteilung auf die beiden Quartale erfolgt allerdings unterschiedlich:

	1. Quartal	2. Quartal	Gesamt
Ergebnis nach			
(1) Vollkostenrechnung	8.000	32.000	40.000
(2) Grenzkostenrechnung	−8.000	48.000	40.000
Differenz (2) − (1)	−16.000	+16.000	0

In der Grenzkostenrechnung werden – unabhängig vom verkauften Volumen – die fixen Herstellkosten der jeweiligen Periode angelastet, in der sie anfallen. Das sind in jedem Quartal 80.000,– DM. In der Vollkostenrechnung werden dagegen die auf das Verkaufsvolumen anteilig entfallenden fixen Herstellkosten der jeweiligen Periode angelastet. Das sind im 1. Quartal

$$\frac{80.000}{1.000} \times 800 = 64.000,- \text{DM},$$

d. h. also 16.000,– DM weniger als nach der Grenzkostenrechnung. Im 2. Quartal ergeben sich nach der Vollkostenrechnung verrechnete fixe Herstellkosten von

$$\frac{80.000}{1.000} \times 1.200 = 96.000,- \text{DM},$$

also 16.000,– DM mehr als nach der Grenzkostenrechnung. Folglich weist die Grenzkostenrechnung im 1. Quartal ein um 16.000,– DM niedrigeres Ergebnis und im 2. Quartal ein um 16.000,– DM höheres Ergebnis aus.

Die Ursache liegt also in der Zurechnung fixer Kostenbestandteile auf die Produkte. Unterschiede im Ergebnisausweis liegen folglich immer vor, wenn die hergestellte Menge und die verkaufte Menge voneinander abweichen. Die Ergebnisdifferenzen spiegeln sich in der Vermögensrechnung in der Bewertung der Produktbestände wider.

Zweiter Teil:

Weiterentwicklungen und Anwendungsmöglichkeiten in der Vollkostenrechnung

6. Kapitel: Kalkulation öffentlicher Aufträge und Leistungen

Aufgabe 6.1: Kalkulatorischer Gewinn und Selbstkostenerstattungspreis

Die deutsche Antriebs-Gesellschaft mbH, ein im Rüstungsbereich tätiges Unternehmen, bemüht sich um einen Anschlußauftrag des Bundesministeriums für Verteidigung zur Neuentwicklung eines modularen Antriebssystems.

Als Verhandlungsgrundlage soll der Selbstkostenerstattungspreis (inkl. Umsatzsteuer) für den Entwicklungsvertrag kalkuliert werden.

Das Entwicklungsvorhaben ist durch folgende Daten gekennzeichnet:

Fertigungsmaterial	1.000 TDM
Fremdleistungen	4.000 TDM
Nettoselbstkosten	52.500 TDM

Für das letzte Geschäftsjahr liegen die folgenden Informationen vor:

Aktiva	Bilanz der Antriebs-Gesellschaft mbH in TDM		Passiva
Anlagevermögen		Eigenkapital	34.200
Immaterielle Vermögensgegenstände	210	Fremdkapital	
– davon Geschäfts- oder Firmenwert	(90)	Rückstellungen	31.200
Sachanlagen	32.100	Verbindlichkeiten	31.380
Finanzanlagen	7.800		
– davon nicht betriebsnotwendig	(1.920)		
Umlaufvermögen			
Vorräte	31.200		
Forderungen	22.500		
Wertpapiere	30		
– davon eigene Anteile	(30)		
Liquide Mittel	1.800		
Rechnungsabgrenzungsposten	1.140		
Σ	96.780	Σ	96.780

Im Anlagevermögen der Bilanz nicht enthalten sind betriebsnotwendige Vermögenswerte in Höhe von 11.400 TDM. Der Umsatz lag bei 126.000 TDM.

a) Wie hoch ist das betriebsnotwendige Vermögen?

b) Zu welchem Selbstkostenerstattungspreis führt die Anwendung der sog. »BRH-Klausel«?

c) Welcher Selbstkostenerstattungspreis ergibt sich auf Basis der sog. »Bonner Formel«?

Lösung zu Aufgabe 6.1:

a) Das betriebsnotwendige Vermögen (BNV) ergibt sich aus der bilanziellen Aufstellung durch Eliminierung der nicht betriebsnotwendigen Teile und Hinzurechnung nicht bilanzieller, aber notwendiger Vermögenswerte:

Bilanzsumme	96.780 TDM
– Geschäfts- oder Firmenwert	90 TDM
– nicht betriebsnotwendige Finanzanlagen	1.920 TDM
– eigene Anteile	30 TDM
– Rechnungsabgrenzungsposten	1.140 TDM
+ nicht bilanzielles Vermögen	11.400 TDM
= betriebsnotwendiges Vermögen	105.000 TDM

b) Zur Berechnung des Selbstkostenerstattungspreises sind noch der kalkulatorische Gewinn und die Umsatzsteuer zu berücksichtigen.

Nach der »BRH-Klausel« ist der kalkulatorische Gewinn abhängig von der Umschlagshäufigkeit des betriebsnotwendigen Vermögens:

> Zur Abgeltung des kalkulatorischen Gewinns wird – sofern keine anderslautenden Vereinbarungen getroffen wurden – bis zu einer jährlichen Umschlagshäufigkeit des betriebsnotwendigen Vermögens von 1 ein Satz von 5 % auf die Nettoselbstkosten (Selbstkosten ohne Sonderkosten des Vertriebs und ohne USt) vereinbart. Bei einer Erhöhung der jährlichen Umschlagshäufigkeit des betriebsnotwendigen Vermögens um jeweils 0,05 vermindert sich der Gewinnsatz um jeweils 0,14 Prozentpunkte, äußerstenfalls bis auf 2,5 % der Nettoselbstkosten.

Die Umschlagshäufigkeit ergibt sich hier aus:

$$\text{Umschlagshäufigkeit} = \frac{\text{Umsatz}}{\text{BNV}} = \frac{126.000}{105.000} = 1{,}2$$

Damit erhält man gemäß Klausel einen Satz von $5 - 4 \times 0{,}14 = 4{,}44\ \%$ auf die Nettoselbstkosten.

Somit ergibt sich folgende Kalkulation:

Nettoselbstkosten	52.500	TDM
+ Kalkulatorischer Gewinn auf Nettoselbstkosten (4,44 %)	2.331	TDM
= Σ	54.831	TDM
+ 15 % USt	8.224,65	TDM
= Selbstkostenerstattungspreis	63.055,65	TDM

c) Bei Anwendung der »Bonner Formel« errechnet sich der Gewinnzuschlag aus folgender Gleichung:

$$G = 0{,}05 \times \left(Q + 1{,}5 \times \frac{BNAV}{BNV}\right) \times E + 0{,}01 \times F$$

mit:
- G = kalkulatorischer Gewinn
- Q = Qualifikationsfaktor, gewichtet in Abhängigkeit von unternehmerischer Leistung bzw. Innovationsgrad, so daß:
  - Q = 0,70 für Instandsetzungsverträge
  - Q = 1,05 für Beschaffungsverträge
  - Q = 1,10 für Studien-, Forschungs- und Entwicklungsverträge
- BNAV = betriebsnotwendiges Anlagevermögen
- BNV = betriebsnotwendiges Vermögen
- E = Eigenleistung = Nettoselbstkosten − F
- F = Fertigungsmaterial + Fremdleistungen

Im vorliegenden Fall erhält man entsprechend:

$$G = 0{,}05 \times \left(1{,}10 + 1{,}5 \times \frac{(210-90) + 32.100 + (7.800-1.920) + 11.400}{105.000}\right)$$
$$\times (52.500 - 5.000) + 0{,}01 \times (1.000 + 4.000)$$

$$= 0{,}05 \times \left(1{,}10 + 1{,}5 \times \frac{49.500}{105.000}\right) \times 47.500 + 0{,}01 \times 5.000$$

$$\approx 4.341{,}96 \text{ TDM}$$

Damit ergibt sich folgende Kalkulation:

Nettoselbstkosten	52.500	TDM
+ Kalkulatorischer Gewinn	4.341,96	TDM
= Σ	56.841,96	TDM
+ 15 % USt	8.526,29	TDM
= Selbstkostenerstattungspreis	65.368,25	TDM

Aufgabe 6.2: Kalkulation öffentlich-rechtlicher Leistungen

Für den Landkreis Grünwies soll zum 01.07.01 eine neue Gebührensatzung für die Abfallentsorgung festgesetzt werden. In der Satzung sollen die Gebühren für einen Bemessungszeitraum von 2,5 Jahren festgeschrieben werden (d. h. bis Ende 03). Die Entsorgung der Hausabfälle und der hausmüllähnlichen Gewerbeabfälle erfolgt im Holsystem. Die Abfälle (insgesamt 40.000 t pro Jahr) werden zunächst von einem beauftragten Dritten erfaßt, zu einer Umladestation und dann per Ferntransport auf eine Deponie in Mecklenburg-Vorpommern gebracht. Es entstehen die folgenden Kosten pro Jahr:

- Erfassung des Restmülls an den Anfallstellen und Transport zur Umladestation: 1,2 Mio. DM,
- Verwaltung und Abfallberatung: 0,4 Mio. DM,
- Ferntransport und Deponierung: 18 Mio. DM.

60 % der im Landkreis Grünwies entstehenden Gesamtkosten können bei dieser Leistungsstruktur als fix betrachtet werden (Vorhaltekosten).

Der Landkreis Grünwies plant jedoch, gemeinsam mit sechs Nachbarlandkreisen zum 01.01.02 eine im Bau befindliche Anlage zur thermischen Behandlung von Restmüll in Betrieb zu nehmen. Die voraussichtlichen Kosten der thermischen Behandlung des Restmülls sowie der Beseitigung der in diesem Prozeß entstehenden Rückstände betragen für den Landkreis Grünwies 28,4 Mio. DM pro Jahr. Diese ersetzen ab Inbetriebnahme die Kosten für Ferntransport und Deponierung. Bei dieser Leistungsstruktur können 70 % der Gesamtkosten als fix betrachtet werden.

Im Bemessungszeitraum sollen zur Erfassung der Abfälle die folgenden Tonnengrößen zur Verfügung stehen:

Tonnenart	Anzahl	Turnus
70 Liter	10.220	wöchentlich
70 Liter	8.690	vierzehntägig
110 Liter	15.920	wöchentlich
110 Liter	11.210	vierzehntägig

a) In welcher Form ist die Veränderung des Leistungsspektrums innerhalb des Bemessungszeitraums der neuen Gebührenkalkulation zu berücksichtigen?

b) Wie hoch sind die für den gesamten Bemessungszeitraum zu erhebenden Grund- und Leistungsgebühren für die angebotenen Tonnenarten anzusetzen?

c) Welche Maßnahme wird erforderlich, falls zum 07.09.01 bekannt wird, daß die Inbetriebnahme der Anlage aufgrund technischer Probleme erst zum 01.07.02 erfolgen kann und bis zu diesem Zeitpunkt die alte Entsorgungsstruktur (Ferntransport und Deponierung in Mecklenburg-Vorpommern) beibehalten werden soll?

Lösung zu Aufgabe 6.2:

a) Innerhalb des Bemessungszeitraums 01.07.01 – 31.12.03 verändert sich das Leistungsspektrum planmäßig zum 01.01.02. Bis zu diesem Zeitpunkt sind in der Kalkulation die folgenden Kostenarten pro Jahr (in DM) zu berücksichtigen:

Bemessungszeitraum (01.07.01 – 31.12.01)	Kosten pro Jahr
Kosten für Erfassung und Transport zur Umladestation	1.200.000
Kosten für Verwaltung und Abfallberatung	400.000
Kosten für Ferntransport und Deponierung	18.000.000
Σ	19.600.000

Ab dem Zeitpunkt der geplanten Inbetriebnahme (01.01.02) sind anstelle der Kosten für Ferntransport und Deponierung die geplanten Kosten der thermischen Restmüllbehandlung inklusive der Deponierung der entsprechenden Rückstände in der Kalkulation pro Jahr (in DM) zu berücksichtigen:

Bemessungszeitraum (01.01.02 – 31.12.03)	Kosten pro Jahr
Kosten für Erfassung und Transport zur Umladestation	1.200.000
Kosten für Verwaltung und Abfallberatung	400.000
Kosten für Restmüllbehandlung	28.400.000
Σ	30.000.000

Die gesamten geplanten Kosten für den Zeitraum vom 01.07.01 – 31.12.03 betragen somit 69,8 Mio. DM (= 9,8 Mio. + 2 × 30 Mio.). Da das Gebührenrecht eine Vorverrechnung noch nicht in Betrieb genommener Anlagenteile nicht zuläßt (Leistungsbezogenheit des Kostenbegriffs), sind in der Satzung für die beiden Zeiträume 01.07.01 – 31.12.01 sowie 01.01.02 – 31.12.03 des Bemessungszeitraums separate Gebührenkalkulationen durchzuführen. Aufgrund der höheren Kosten der neuen Leistungskomponente thermische Restmüllbehandlung kommt es zum 01.01.02 zu einer Gebührensteigerung.

b) Für die Berechnung der Grund- und der Leistungsgebühr muß eine Trennung in fixe und variable Kosten vorgenommen werden, die dann auf die Anzahl der Tonnen bzw. auf das gesamte Entsorgungsvolumen umgelegt werden (Annahme: Verwendung eines Behälter- bzw. Mengenmaßstabs). Für die beiden Bemessungszeiträume ergibt sich folgende Trennung in fixe und variable Kosten pro Jahr:

Kostenarten / Bemessungszeitraum	01.07.01 – 31.12.01		01.01.02 – 31.12.03	
Gesamtkosten		19.600.000		30.000.000
– davon fix	(60 %)	11.760.000	(70 %)	21.000.000
– davon variabel	(40 %)	7.840.000	(30 %)	9.000.000

Die Anzahl der Tonnen und das gesamte Entsorgungsvolumen (= Tonnengröße × Anzahl Tonnen × Abholhäufigkeit) pro Jahr ergeben sich wie folgt:

	Anzahl Tonnenart	Entsorgungsvolumen in l
70-Liter-Tonne wöchentlich	10.220	37.200.800
70-Liter-Tonne vierzehntägig	8.690	15.815.800
110-Liter-Tonne wöchentlich	15.920	91.062.400
110-Liter-Tonne vierzehntägig	11.210	32.060.600
Σ	46.040	176.139.600

Damit läßt sich eine Leistungsgebühr pro Liter aus $\dfrac{\text{variable Gesamtkosten}}{\text{gesamtes Entsorgungsvolumen}}$ und die Grundgebühr je Tonne aus $\dfrac{\text{fixe Gesamtkosten}}{\text{Anzahl der Tonnen}}$ berechnen (in DM pro Jahr):

	01.07.01 – 31.12.01	01.01.02 – 31.12.03
Leistungsgebühr je Liter	0,044510	0,051096
Grundgebühr je Tonne	255,43	456,13

Somit ergeben sich für die unterschiedlichen Tonnenarten und Bemessungszeiträume folgende Gebühren:

	01.07.01 – 31.12.01			01.01.02 – 31.12.03		
	Grundgebühr	Leistungsgebühr	Gesamtgebühr	Grundgebühr	Leistungsgebühr	Gesamtgebühr
70-Liter-Tonne wöchentlich	255,43	162,02	417,45	456,13	185,99	642,12
70-Liter-Tonne vierzehntägig	255,43	81,01	336,44	456,13	92,99	549,12
110-Liter-Tonne wöchentlich	255,43	254,60	510,03	456,13	292,27	748,40
110-Liter-Tonne vierzehntägig	255,43	127,30	382,73	456,13	146,13	602,26

Zur Gesamtgebührenberechnung für den Zeitraum 01.07. – 31.12.01 sind die Jahres-Gesamtgebühren zu halbieren.

c) Zum 07.09.01 (Termin der Bekanntgabe der verzögerten Inbetriebnahme) ist die Satzung für den Bemessungszeitraum 01.07.01 – 31.12.03 bereits erlassen. Da die Satzung zum 01.01.02 eine Steigerung des Gebührensatzes festschreibt, wird im Zeitintervall 01.01.02 – 30.06.02 – bezogen auf die Leistungsstruktur – eine zu hohe Gebühr erhoben (die Anlage zur thermischen Behandlung des Restmülls ist – entgegen der Planung – noch nicht in Betrieb). Die folgende Tabelle zeigt die Ist-Kostenberechnung des Bemessungszeitraums (in DM):

Ist-Kosten	01	02	03
Kosten für Erfassung und Transport zur Umladestation	600.000	1.200.000	1.200.000
Kosten für Verwaltung und Abfallberatung	200.000	400.000	400.000
Kosten für Ferntransport und Deponierung	9.000.000	9.000.000	
Kosten für Restmüllbehandlung		14.200.000	28.400.000
Σ	9.800.000	24.800.000	30.000.000
Gesamtkosten des Bemessungszeitraums	64.600.000		

Die Plankosten betragen nach a) 69,8 Mio. DM. Die Abweichung zwischen den Ist- und den Plankosten beträgt folglich –5,2 Mio. DM (–7,45 %), womit eine Kostenüberdeckung erreicht wird. Der von den Anschluß- und Benutzungspflichtigen für diesen Zeitraum zu viel erstattete Betrag ist nach Art. 8 Abs. 6 BayKAG im folgenden Bemessungszeitraum gebührenmindernd zu berücksichtigen. Zur Ermittlung einer endgültigen Kostenüber- bzw. -unterdeckung ist am Ende des Bemessungszeitraums eine Nachkalkulation erforderlich.

7. Kapitel: Erfahrungskurve als Instrument der Kostenkalkulation

Aufgabe 7.1: Lernrate

Die Airbus Industries ermittelte für die Montage ihres Grundmodells folgende Fertigungskosten:

kumulierte Stückzahl	Montagekosten in DM	Jahr
1	3.400.000	1976
100	650.000	1980
460	400.000	1989

Welche durchschnittlichen Lernraten lassen sich aus diesen Zahlen für die Zeiträume 1976 – 1980 und 1980 – 1989 ermitteln?

Lösung zu Aufgabe 7.1:

Für den Zeitraum 1976 – 1980 läßt sich die Zahl der Verdoppelungen n berechnen:

$$n = \frac{\ln \frac{100}{1}}{\ln 2} = \frac{\ln 100}{\ln 2} \approx 6{,}644$$

Die Lernrate läßt sich aus den auf 650.000,– DM reduzierten Montagekosten herleiten:

$$L = \sqrt[6{,}644]{\frac{650.000}{3.400.000}} \approx 78\,\%$$

Bei einer Lernrate von ca. 78 % ergibt sich eine Reduzierung der Montagekosten um ca. 22 % von 3.400.000,– DM für das erste Stück auf 650.000,– DM für das 100ste Stück (nach der 6,644ten Verdoppelung).

Analog ist für den Zeitraum von 1980 – 1989 eine neue Lernrate berechenbar:

$$n = \frac{\ln \frac{460}{100}}{\ln 2} = \frac{\ln 4{,}6}{\ln 2} \approx 2{,}202$$

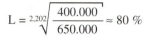

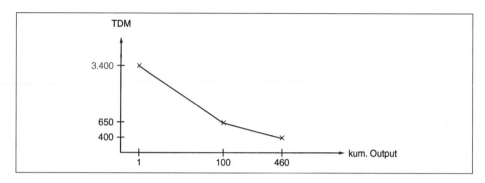

Aufgabe 7.2: Stückkosten im Zeitvergleich

Auf einem homogenen Markt bieten drei Hersteller A, B und C ein Bauelement für Personal-Computer an, das einer Lernrate von 70 % unterliegt. Der einheitliche Marktpreis beträgt 10,- DM in der Periode 01 bzw. 5,- DM in der Periode 07.

Der Kostenrechnungsabteilung sind ferner die folgenden Zahlen bekannt:

Unternehmen	kumulierter Output Ende 01 in Stück	Output pro Periode in Stück	Stückkosten Ende 01 in DM/Stück
A	5.000	2.500	9
B	2.000	1.000	12
C	1.000	500	15

Die Produktion wird in allen Perioden auf dem selben Niveau gehalten und unterliegt keinerlei Kapazitätsbeschränkungen. Jedes Unternehmen produziert sinnvollerweise nur Mengen, die auch langfristig abgesetzt werden.

a) Wie hoch sind die relativen Marktanteile der drei Unternehmen in Periode 01?

b) Wieviel kostete jeweils die Produktion des ersten Bauelements für alle drei Unternehmen, das zugleich die Nullserie darstellte?

c) Wie hoch sind die Stückgewinne jeweils am Ende der Perioden 01 und 07 für alle drei Unternehmen? Wie sind die Ergebnisse im Konkurrenz- und Zeitvergleich zu interpretieren?

d) Welche Stückgewinne ergeben sich am Ende der Periode 07, wenn der Hersteller B das Unternehmen C zum Ende der Periode 01, ohne dessen schlechtere Produktionsanlagen und Fertigungs-Know How zu übernehmen, aufkauft? Es werden nur die Vertriebskanäle übernommen.

Lösung zu Aufgabe 7.2:

a) Der Marktanteil eines Unternehmens (MA) kann am Output pro Periode abgelesen werden. Der relative Marktanteil (RMA) der drei Unternehmen ergibt sich jeweils aus dem Verhältnis der eigenen Menge zu der des stärksten Konkurrenten:

Unternehmen	MA	RMA
A	$\dfrac{2.500}{4.000} = 62,5\,\%$	$\dfrac{62,5}{25} = 2,5$
B	$\dfrac{1.000}{4.000} = 25\,\%$	$\dfrac{25}{62,5} = 0,4$
C	$\dfrac{500}{4.000} = 12,5\,\%$	$\dfrac{12,5}{62,5} = 0,2$

b) Für das Unternehmen A lassen sich die Kosten des ersten Bauelements (Nullserie) aus den Produktionskosten des 5.000sten Bauelements zurückrechnen:

$$n = \frac{\ln \dfrac{5.000}{1}}{\ln 2} = \frac{\ln 5.000}{\ln 2} \approx 12,288$$

$$K_n = 9 = K_0 \times 0,7^n \Rightarrow K_0 = \frac{9}{0,7^{12,288}} \approx 720,57$$

Analog ergibt sich für Unternehmen B und C 599,56 DM bzw. 524,62 DM.

c) Bei einem einheitlichen Marktpreis von 10,– DM ergeben sich folgende Stückgewinne in Periode 01:

$$G_A = 10 - 9 = 1,\text{– DM}$$
$$G_B = 10 - 12 = -2,\text{– DM}$$
$$G_C = 10 - 15 = -5,\text{– DM}$$

Um den Stückgewinn in Periode 07 berechnen zu können, kann ausgehend vom Ergebnis in b) der Erfahrungseffekt auf die Kosten errechnet werden.

Für Unternehmen A ergibt sich in Periode 07 ein kumulierter Output von $5.000 + 6 \times 2.500 = 20.000$ Stück.

Die Anzahl n der Verdoppelungen von Beginn der Produktion an beträgt:

$$n \text{ in } 07 = \frac{\ln 20.000}{\ln 2} \approx 14,288$$

Die Produktionskosten des 20.000sten Bauelements liegen also bei:

$$K_n \text{ in } 07 = 720{,}57 \times 0{,}7^{14{,}288} \approx 4{,}41 \text{ DM}$$

Damit ergibt sich ein Stückgewinn zum Ende von Periode 07 von 5 − 4,41 = 0,59 DM.

Alternativ lassen sich die Produktionskosten des 20.000sten Stücks auch ausgehend von den Kosten am Ende der Periode 01 errechnen:

$$X_\alpha = 5.000 \text{ Stück} \qquad X_\beta = 20.000 \text{ Stück}$$

$$n = \frac{\ln \frac{20.000}{5.000}}{\ln 2} = \frac{\ln 4}{\ln 2} = 2$$

$$K_n \text{ in } 07 = K_n \text{ in } 01 \times 0{,}7^2 = 9 \times 0{,}7^2 = 4{,}41 \text{ DM} \Rightarrow \text{Gewinn} = 0{,}59 \text{ DM}$$

Analog ergibt sich für Unternehmen B und C:

$$\begin{aligned} B: &\quad K_n \text{ in } 07 = 5{,}88 \text{ DM} \\ C: &\quad K_n \text{ in } 07 = 7{,}35 \text{ DM} \end{aligned}$$

Daraus errechnet sich ein Stückgewinn von $G_B = -0{,}88$ DM und $G_C = -2{,}35$ DM.

Alle drei Unternehmen erreichen ab Ende der Periode 01 zwei Verdoppelungen des kumulierten Outputs bis zur Periode 07. Insofern reduzierten sich die Stückkosten im gleichen Verhältnis. Die Kosten von B und C sinken jedoch deutlicher als die von A, wenn man die absoluten Werte betrachtet. Der deutlich gesunkene Marktpreis ist dafür verantwortlich, daß der Gewinn von Unternehmen A gesunken ist, während sich die Verluste der Unternehmen B und C mehr als halbierten.

d) Die Unternehmensdaten des Unternehmens B ändern sich durch den Aufkauf des Verkaufs- und Produktionspotentials von Unternehmen C (500 Stück pro Jahr) folgendermaßen:

kumulierter Output Ende 01 in Stück	Output in Stück pro Periode	Stückkosten Ende 01 in DM/Stück
2.000	1.500	12

Die erhöhte kumulierte Menge bis zur Periode 07 führt zu einem höheren Kostensenkungseffekt:

$$X_n \text{ in } 07 = 2.000 + 6 \times 1.500 = 11.000 \text{ Stück}$$

$$n = \frac{\ln \frac{11.000}{2.000}}{\ln 2} = \frac{\ln 5{,}5}{\ln 2} \approx 2{,}459$$

$$K_n \text{ in } 07 = 12 \times 0{,}7^{2{,}459} \approx 4{,}99 \text{ DM}$$

Somit erzielt Unternehmen B durch den Aufkauf mit dem letzten produzierten Bauelement einen Gewinn von 5 – 4,99 = 0,01 DM.

Aufgabe 7.3: Stückkosten der Nullserie

Für drei Hersteller eines Spezialmotors zur Steuerung von NC-Maschinen, die als einzige Anbieter diesen Markt bedienen, liegen folgende Daten vor:

Unternehmen	kumulierter Output	Lernrate	durchschnittliche Stückkosten der letzten Serie in DM/Stück
A	20.000	0,8	1.000
B	10.000	0,7	(1)
C	5.000	0,8	(2)

Der Spezialmotor stellt ein homogenes Produkt dar. Die Nullserie und auch weitere Produktionsserien aller drei Hersteller belief bzw. belaufen sich auf je 1.000 Einheiten, die alle drei zu identischen durchschnittlichen Stückkosten für die Nullserie herstellen konnten.

a) Welche durchschnittlichen Stückkosten verursachte die Nullserie?

b) Welche Werte sind an den Stellen (1) und (2) einzusetzen?

Lösung zu Aufgabe 7.3:

a) Ausgangspunkt der Berechnungen sind die für A vorhandenen Werte:

$$K_n = 1.000 \qquad L = 0,8 \qquad X_n = 20.000 \qquad X_0 = 1.000$$

Aus den Kosten der letzten produzierten Serie sind die Stückkosten der Nullserie über die Anzahl n der Verdoppelungen als noch fehlender Parameter zu berechnen:

$$n = \frac{\ln \frac{X_n}{X_0}}{\ln 2} = \frac{\ln \frac{20.000}{1.000}}{\ln 2} = \frac{\ln 20}{\ln 2} \approx 4{,}322$$

$$K_0 = \frac{K_n}{0{,}8^{4{,}322}} = \frac{1000}{0{,}8^{4{,}322}} \approx 2.623{,}28 \text{ DM}$$

Die Kosten für die Nullserien aller drei Unternehmen betragen 2.623,28 DM.

b) Da die Kosten für die Nullserien für alle drei Unternehmen gleich sind, können ausgehend von dieser Stückzahl die Anzahl der Verdoppelungen und damit die Kosten der jeweils letzten Serie kalkuliert werden:

für B: $n = \dfrac{\ln \dfrac{10.000}{1.000}}{\ln 2} \approx 3{,}322 \quad \Rightarrow \quad K_n = 2.623{,}28 \times 0{,}7^{3{,}322} \approx 802{,}16 \text{ DM}$

für C: $n = \dfrac{\ln 5}{\ln 2} \approx 2{,}322 \quad \Rightarrow \quad K_n = 2.623{,}28 \times 0{,}8^{2{,}322} \approx 1.562{,}50 \text{ DM}$

Aufgabe 7.4: Auftragskalkulation

Die Montageabteilung einer Werkzeugmaschinenfabrik rechnet (aufgrund von Probeläufen) bei der Montage ihres neuen Drehbohrers Turbo-Drill mit einer 80 %-Lernkurve. Als Kosten werden für das erste Stück eines Auftrags angesetzt:

$$\begin{array}{ll} \text{Einzelmaterial} & 40{,}-\text{ DM} \\ \text{Einzellöhne} & 300{,}-\text{ DM} \end{array}$$

Das Einzelmaterial wird zugekauft. Bei den Löhnen werden Übungsgewinne angenommen. Die Einzellöhne pro Stück ergeben sich aus einer Bearbeitungszeit von 10 h/Stück à 30,– DM/h.

Der Auftrag umfaßt die Produktion von 1.000 Stück und kann bei konstanter Produktion in sechs Monaten ausgeführt werden.

a) Wie hoch sind die Kosten der letzten produzierten, d. h. der 1.000sten, Einheit?

b) Wieviel Stück können dem Kunden bereits nach drei Monaten geliefert werden?

c) Was kostet das 360ste Stück?

d) Welcher Preis sollte für den Auftrag mindestens verlangt werden, wenn mit einer Lohnsteigerung von 10 % nach den ersten drei Monaten gerechnet wird und der übliche Gewinnzuschlag 10 % auf die Selbstkosten beträgt?

Lösung zu Aufgabe 7.4:

a) Die Kosten der letzten Einheit ergeben sich aus:

$$K_n = K_0 \times L^{\frac{\ln X_n}{\ln 2}} + K_Z$$

$$\Rightarrow K_{1.000} = 300 \times 0{,}8^{\frac{\ln 1.000}{\ln 2}} + 40 \approx 72{,}46 \text{ DM}$$

Alternativ lassen sich die Kosten der 1.000sten Einheit auch folgendermaßen berechnen (T_n = Zeitbedarf der letzten Einheit):

$$T_n = T_0 \times X_n^{-b} \text{ mit } b = -\frac{\ln L}{\ln 2} = -\frac{\ln 0{,}8}{\ln 2} \approx 0{,}3219$$

$$\Rightarrow T_{1.000} = 10 \times 1.000^{-0{,}3219} \approx 1{,}082 \text{ h pro Einheit}$$

Kosten der letzten Einheit:

• Einzelmaterial	40,– DM
• Fertigungslöhne (30 × 1,082)	32,46 DM
Stückkosten	72,46 DM

b) Näherungsweise Berechnung des Zeitbedarfs für den Auftrag in Stunden (Vor.: $X_0 = 0$):

$$T = \int_{X_0}^{X_n} T_0 \times x^{1-b} dx = \frac{T_0 \times X_n^{1-b}}{1-b} = \frac{10 \times 1.000^{1-0{,}3219}}{1 - 0{,}3219} \approx 1.596 \text{ h}$$

Kumulierter Output nach der halben Bearbeitungszeit (= 798 h), d. h. drei Monate unter der Annahme einer über die betrachteten sechs Monate gleichverteilten Arbeitszeit:

$$T_0 \times \frac{X_n^{1-b}}{1-b} = 798 \Rightarrow 10 \times \frac{X_n^{0{,}6781}}{0{,}6781} = 798$$

$$X_n = \sqrt[0{,}6781]{\frac{798 \times 0{,}6781}{10}} \approx 360 \text{ Stück}$$

c) Für das 360ste Stück ergibt sich folgender Zeitbedarf:

$$T_{360} = 10 \times 360^{-0{,}3219} \approx 1{,}503 \text{ h}$$

$$\Rightarrow K_{360} = 1{,}503 \times 30 + 40 = 85{,}09 \text{ DM}$$

$$\text{oder } K_{360} = 300 \times 0{,}8^{\frac{\ln 360}{\ln 2}} + 40 \approx 85{,}10 \text{ DM}$$

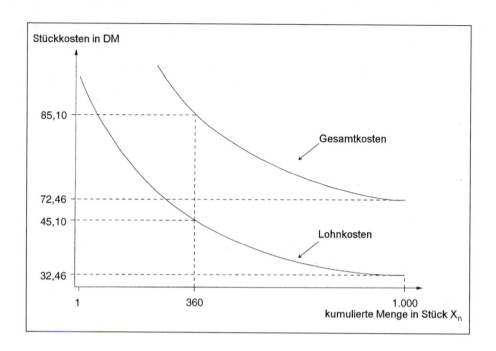

d)	Fertigungslöhne Monat 1 – 3 (798 × 30)	23.940,– DM
	+ Fertigungslöhne Monat 4 – 6 (798 × 30 × 1,1)	26.334,– DM
	+ Einzelmaterial (1.000 × 40)	40.000,– DM
	= Gesamtkosten des Auftrags	90.274,– DM
	+ Gewinnzuschlag 10 %	9.027,– DM
	= Preisuntergrenze des Auftrags	99.301,– DM

Aufgabe 7.5: Strategische Planung

Die Planungsabteilung der Mensiema AG, die im Großanlagenbau tätig ist, möchte für ihr derzeitiges junges Spitzenprodukt prognostizieren, wann die nächste Verdoppelung der kumulierten Produktionsmenge, und damit eine vollständige Realisierung einer Kostenreduktion über ihre Lernrate von 70 % erreicht wird. Ihr kumuliertes Ausgangsvolumen X_{kum} soll 250 Einheiten betragen, während für die nächste Periode mit einer Absatzmenge X = 60 gerechnet wird. Weiterhin erwartet der neueste Marktforschungsbericht in diesem Wachstumsmarkt eine jährliche Wachstumsrate von MWR = 20 %.

a) Welchen Zeitraum kann die Planungsabteilung bis zum Erreichen der nächsten Verdoppelung ansetzen?

b) Mit welchen durchschnittlichen Kosteneinsparungen pro Jahr kann gerechnet werden?

c) Die Mensiema AG ist nicht Marktführer in diesem noch jungen Marktsegment. Ihr Marktanteil beträgt 30 %, während der stärkste Konkurrent 40 % der Marktanteile besitzt. Beide Unternehmen haben bisher 250 Einheiten produziert. Im folgenden soll davon ausgegangen werden, daß diese 250 Stück die Startserie X_0 zu diesem Produkt war. Weiterhin ist davon auszugehen, daß sich die Marktanteile der beiden, zum gleichen Zeitpunkt auf den Markt getretenen Unternehmen im Zeitablauf nicht verändern werden.

Welche relative Kostenposition ergibt sich für die Mensiema AG, wenn der Marktführer ebenfalls eine Lernrate von 70 % besitzt, und welchem zeitlichen Rückstand wird Mensiema voraussichtlich in 4 Jahren gegenüberstehen, wenn außer dem Marktanteil sonst gleiche Ausgangsvoraussetzungen herrschen?

Lösung zu Aufgabe 7.5:

a) Die Verdoppelung der kumulierten Ausgangsmenge X_{kum} ist erreicht, wenn gilt:

$$X_{kum} = X + X \times (1 + MWR)^1 + X \times (1 + MWR)^2 + \ldots + X \times (1 + MWR)^{t-1}$$

$$250 = 60 + 60 \times 1{,}2 + 60 \times 1{,}2^2 + \ldots + 60 \times 1{,}2^{t-1}$$

$$250 = 60 \times \frac{1{,}2^t - 1}{0{,}2}$$

Durch Auflösung nach t erhält man:

$$\frac{250 \times 0{,}2}{60} = 1{,}2^t - 1$$

$$\frac{11}{6} = 1{,}2^t$$

$$\ln \frac{11}{6} = t \times \ln 1{,}2$$

$$t = \frac{\ln \frac{11}{6}}{\ln 1{,}2} \approx 3{,}32 \text{ Jahre}$$

Nach 3,32 Jahren kann die Mensiema AG ihre nächste Verdoppelung erreichen.

b) Das Kostensenkungspotential von 30 %, das sich aus der Lernrate von 70 % ergibt, verteilt sich auf den Verdoppelungszeitraum. Die durchschnittlichen potentiellen Kosteneinsparungen verteilen sich pro Jahr nach der Formel:

$$\varnothing \text{ Kosteneinsparungen pro Jahr} = 100\,\% - \sqrt[3{,}32]{70\,\%}$$
$$= 100\,\% - 89{,}8\,\% \approx 10{,}2\,\%$$

Diese 10,2 % Kostensenkungspotential pro Jahr sollten als Vorgabewert für gezielte Maßnahmen zur Kostenreduzierung herangezogen werden.

c) Der relative Marktanteil (RMA) von Mensiema liegt bei:
$$\frac{30\ \%}{40\ \%} = 0,75$$

Daraus läßt sich die relative Kostenposition (RKP) von Mensiema berechnen:
$$RKP = L^{\frac{\ln RMA}{\ln 2}} = 0,7^{\frac{\ln 0,75}{\ln 2}} \approx 1,16$$

Die Kostensituation der Mensiema AG wird sich also aufgrund des geringeren Marktanteils verschlechtern. Die Produktionsmengen der nächsten Jahre lassen sich wie folgt hochrechnen:

Jahr t	Mensiema		Marktführer	
	Menge	kumulierte Menge	Menge	kumulierte Menge
0	250	250	250	250
1	60	310	80	330
2	72	382	96	426
3	86	468	115	541
4	104	572	138	679
5	124	696	166	845

$$\text{Zeitlicher Rückstand im Jahr 4} = \frac{679 - 572}{104} \approx 1 \text{ Jahr}$$

Die Mensiema AG weist bereits nach 4 Jahren bezüglich ihrer kumulierten Produktionsmenge einen zeitlichen Rückstand von ca. einem Jahr gegenüber dem Marktführer auf.

8. Kapitel: Prozeßkostenrechnung

Aufgabe 8.1: Allokationseffekt

Der Textilhersteller Gucciano & Söhne vertreibt zwei unterschiedliche Krawattentypen. Dabei sei Typ A eine normale, während Typ B eine exklusive Krawattenversion ist.

Aus der Kostenrechnung sind folgende Einzel- und Gemeinkosten sowie das dazugehörige Mengengerüst für die zwei Krawatten gegeben:

	Typ A	Typ B
Materialpreis	5	50
Lohnkosten	15	25
Gemeinkosten für Bestellen, Einlagern, Rechnung stellen, Auslagern	11.500	
Menge	150	100

a) Zu welchen Gesamtkosten pro Stück kommt Gucciano & Söhne nach einer einfachen Zuschlagskalkulation mit der Zuschlagsbasis Materialkosten?

b) Unter der Annahme, daß durch jede Krawatte gleich hohe Prozeßgemeinkosten für die betrieblichen Prozesse (Bestellen etc.) verursacht werden, soll dazu im Vergleich eine Prozeßkostenkalkulation durchgeführt werden.

c) Wie ist das unterschiedliche Kalkulationsergebnis zu interpretieren?

Lösung zu Aufgabe 8.1:

a) Die gesamten Materialeinzelkosten betragen $150 \times 5 + 100 \times 50 = 5.750$,- DM.

Unter Berücksichtigung der Gemeinkosten von 11.500,- DM errechnet sich ein Zuschlagssatz von:

$$\frac{11.500}{5.750} = 200\,\%$$

Daraus ergibt sich folgender Kalkulationspreis pro Stück:

	Typ A	Typ B
Materialpreis	5	50
+ Lohnkosten	15	25
+ Gemeinkosten	200 % × 5 = 10	200 % × 50 = 100
= Gesamtkosten	30,– DM	175,– DM

b) Insgesamt werden 150 + 100 = 250 Krawatten eingekauft, daraus ergibt sich ein Prozeßkostensatz von:

$$\frac{11.500}{250} = 46,- \text{ DM/Stück}$$

Folgende Prozeßkostenkalkulation leitet sich daraus pro Stück ab:

	Typ A	Typ B
Materialpreis	5	50
+ Lohnkosten	15	25
+ Gemeinkosten	46	46
= Gesamtkosten	66,– DM	121,– DM

c) Während sich nach der Zuschlagskalkulation der Preis von Krawatte A als besonders günstig erweist, ist nach der Prozeßkostenkalkulation die Differenz zwischen Typ A und Typ B wesentlich geringer (Allokationseffekt). Natürlich hängt die Entscheidung, inwieweit die Krawatte A oder B rentabler ist, von dem jeweils erzielbaren Marktpreis ab. Die Prozeßkostenrechnung kann somit Ansatzpunkte für Rationalisierungsmaßnahmen zur Senkung der Gemeinkosten aufzeigen.

Aufgabe 8.2: Komplexitätseffekt

Die Netz & Smash KG möchte ihren Verpackungsprozeß näher analysieren. Das Produktprogramm enthält drei verschiedene Tennisschuhmodelle: Modell »Boris«, Modell »Michael« und Modell »Jessica«. Alle drei Modelle durchlaufen genau den gleichen Verpackungsprozeß. Insgesamt sind dafür Prozeßkosten von 114.000,– DM geplant. Die geplanten Materialeinzelkosten (ohne Verpackungskosten) und die Stückzahlen der Periode lauten für die drei Modelle:

	Materialeinzelkosten	Produktionsmenge
Boris	40,– DM	2.000 Stück
Michael	35,– DM	1.000 Stück
Jessica	25,– DM	400 Stück

a) Das Modell »Jessica« erhält im Gegensatz zu den beiden anderen Modellen zusätzlich eine luftdichte Folienverpackung. Somit muß der Verpackungsprozeß für dieses Modell zweimal durchlaufen werden. Wie hoch ist der Zuschlagssatz für die Verpackungskosten auf Basis der Materialeinzelkosten?

b) Wie errechnet sich der Prozeßkostensatz für die Verpackungskosten, wenn die »Anzahl der durchlaufenen Verpackungsprozesse« als Prozeßgröße (Kostentreiber) angesehen werden kann?

c) Wodurch unterscheiden sich die Kalkulationsergebnisse für die einzelnen Modelle auf Basis der Zuschlagskalkulation und der Prozeßkostenrechnung?

Lösung zu Aufgabe 8.2:

a) Die Basis für den Zuschlagssatz, die Materialeinzelkosten, beträgt:

$$40 \times 2.000 = 80.000,\text{– DM}$$
$$35 \times 1.000 = 35.000,\text{– DM}$$
$$25 \times 400 = 10.000,\text{– DM}$$
$$\Sigma \quad\quad\quad\quad 125.000,\text{– DM}$$

Folglich ergibt sich der Zuschlagssatz zu: $\dfrac{114.000}{125.000} = 91{,}2\,\%$

b) Für die Prozeßgröße »Anzahl der durchlaufenen Verpackungsprozesse« errechnet sich die Prozeßmenge folgendermaßen:

$$\text{Boris } (2.000 \times 1) \quad 2.000$$
$$\text{Michael } (1.000 \times 1) \quad 1.000$$
$$\text{Jessica } (400 \times 2) \quad\quad 800$$
$$\Sigma \quad\quad\quad\quad\quad\quad 3.800$$

Damit beträgt der Prozeßkostensatz: $\dfrac{114.000}{3.800} = 30{,}\text{– DM/Durchlauf}$

c)

	Material einzelkosten	Materialgemeinkosten		Gemeinkostendifferenz	
		Zuschlag 91,2 %	Prozeßkosten	Allokationseffekt	Komplexitätseffekt
Boris	40	36,48	30	−6,48	
Michael	35	31,92	30	−1,92	
Jessica	25	22,80	60	+7,20	+30

Die Prozeßkostenrechnung bildet die unterschiedliche Komplexität des Verpackungsprozesses für die einzelnen Modelle ab. Modell Jessica benötigt doppelt soviel Verpackungskapazität wie die anderen beiden Modelle und wird dementsprechend mit 60,- DM belastet. Dies führt zu einem Verrechnungsunterschied von 37,20 DM (Allokations- und Komplexitätseffekt) im Vergleich zur wertabhängigen Zuschlagskalkulation. Bei den beiden anderen Modellen werden durch die Zuschlagskalkulation jeweils zuviel Gemeinkosten verrechnet.

Aufgabe 8.3: Degressionseffekt

Die Einkaufsabteilung der Kover & Mann AG soll Kunststoffgehäuse beschaffen. Eine innerbetriebliche Untersuchung zeigt, daß die durchschnittlichen Gemeinkosten für die Abwicklung einer Bestellung 150,- DM betragen. Bislang ist zur Abdeckung dieser Gemeinkosten immer ein Zuschlagssatz von 25 % auf die Materialeinzelkosten der beschafften Produkte verrechnet worden. Die Materialeinzelkosten pro Stück betragen 12,- DM.

a) Wie hoch sind die Materialstückkosten, die sich alternativ bei Verwendung der Zuschlagskalkulation und bei prozeßorientierter Kalkulation ergeben, wenn die Bestellung 1, 10, 50, 200 oder 500 Stück umfaßt?

b) Wie läßt sich der Verlauf der Materialstückkostenfunktion in einem Diagramm darstellen, um die Verursachungsgerechtigkeit der beiden Kalkulationsmethoden bei verschiedenen Bestellgrößen zu vergleichen?

Lösung zu Aufgabe 8.3:

a)

Stück-zahl	Zuschlagskalkulation (Zuschlagssatz = 25 %)			Prozeßkostenrechnung (Prozeßkosten pro Bestellung = 150,– DM)		
	Material-einzel-kosten	Material-gemein-kosten	Material-stück-kosten	Material-einzel-kosten	Material-gemein-kosten	Material-stück-kosten
1	12	3	15	12	150	162
10	120	30	15	120	150	27
50	600	150	15	600	150	15
200	2.400	600	15	2.400	150	12,75
500	6.000	1.500	15	6.000	150	12,30

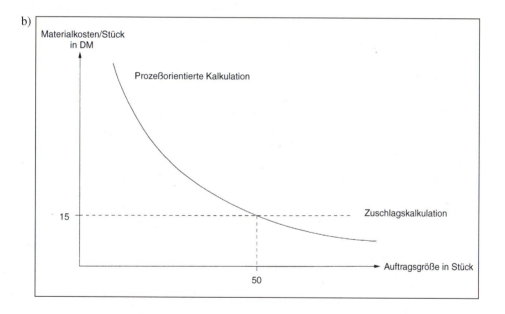

Das Diagramm kann folgendermaßen interpretiert werden:

(1) Bestellmenge < 50 Stück:
Zuschlagskalkulation zu billig; tatsächliche Materialstückkosten (wesentlich) höher als 15,– DM.

(2) Bestellmenge = 50 Stück:
Nur bei diesem Auftragsvolumen zeigen die prozeßorientierte Kalkulation und die Zuschlagskalkulation das gleiche und zutreffende Ergebnis für die Bewertung der Materialstückkosten. Aus der Zeichnung läßt sich insofern die Mindestauftragsgröße von 50

Stück ablesen. Bei Unterschreiten dieser kritischen Masse verrechnet das Unternehmen aufgrund der Zuschlagskalkulation zu wenig Materialgemeinkosten pro Stück.

(3) Bestellmenge > 50 Stück:
Prozeßorientierte Kalkulation zeigt realisierte Kosteneinsparungen (Degressionseffekt).

Aufgabe 8.4: Auftragskalkulation

Bei der Willy Bosch GmbH wurde die Prozeßkostenrechnung eingeführt. Im Kalkulationsbüro sollen die Stückkosten für zwei Fertigungsaufträge von neuen Oktoberfest-Bierkrügen ermittelt werden. Auftrag 1 umfaßt 60 Bierkrüge Typ A, Auftrag 2 umfaßt 600 Bierkrüge Typ B. Es liegen folgende Daten vor:

Materialeinzelkosten	10,– DM	pro Bierkrug Typ A und Typ B
Rüstkosten	300,– DM	pro Fertigungsauftrag
Brenn- und Glasurkosten	50,– DM	für jeweils 10 Bierkrüge Typ A
Brenn- und Glasurkosten	100,– DM	für jeweils 10 Bierkrüge Typ B
Verpackungskosten	30,– DM	für jeweils 6 Bierkrüge Typ A und Typ B
Fakturierung und Versand	240,– DM	pro Fertigungsauftrag

a) Wie hoch sind die Stückkosten für jeweils einen Bierkrug Typ A und Typ B?

b) Wie ist die Differenz zwischen den Stückkosten von Typ A und Typ B zu erklären?

Lösung zu Aufgabe 8.4

a)

	Typ A (60 Stück)	Typ B (600 Stück)
Materialeinzelkosten	10	10
Rüstkosten	$\frac{300}{60} = 5$	$\frac{300}{600} = 0{,}50$
Brenn- und Glasurkosten	$\frac{50}{10} = 5$	$\frac{100}{10} = 10$
Verpackungskosten	$\frac{30}{6} = 5$	$\frac{30}{6} = 5$
Fakturierung und Versand	$\frac{240}{60} = 4$	$\frac{240}{600} = 0{,}40$
Σ	$\frac{1.740}{60} = 29{,}-$ DM	$\frac{15.540}{600} = 25{,}90$ DM

b)

	Gemeinkosten		Gemeinkosten-Differenz	
	Typ A	Typ B	Degressionseffekt	Komplexitätseffekt
Materialeinzelkosten	5	0,50	+4,50	–
Fakturierung und Versand	4	0,40	+3,60	–
Brenn- Glasurkosten	5	10	–	–5

Die Differenz aus Degressionseffekt und Komplexitätseffekt in Höhe von 8,10 – 5 = 3,10 DM spiegelt letztlich die Differenz der Stückkosten wider.

Fallstudie: Micro Comp. Inc.*

»Vor fünf Jahren kam unsere Firma in große Schwierigkeiten. Aufgrund niedrigerer Löhne konnten die asiatischen Länder Standard-Micro-Computer zu einem Preis anbieten, bei dem wir nicht mehr mithalten konnten. Wir waren damals unter den teuersten Herstellern in unserer Branche. Wir beschlossen daher eine Strategieänderung und begannen, Micro-Computer für Spezialanwendungen zu produzieren. Nach Einführung der neuen Strategie wurde deutlich, daß unser bislang verwendetes Kostenrechnungssystem zwar für die Kalkulation der Standardgeräte geeignet war, für die Kalkulation der Spezialgeräte lieferte es jedoch nur mehr unzureichende Informationen.« (Frank E. Young – Senior Manager of Business Operations der Micro Comp Inc.)

Die Micro Comp Inc.

1978 gründete Steve Lobs in Boca Raton (Florida) die Micro Comp Inc. und begann mit der Produktion und dem Vertrieb von Standard-Micro-Computern. Das Unternehmen konnte mit hohen Umsatzsteigerungen ein starkes Wachstum verzeichnen. Das jährliche Umsatzvolumen beruhte in den ersten Jahren zu ca. 75 % auf den Verkaufserlösen von Standardgeräten. Die übrigen 25 % wurden mit kundenspezifischen Geräteapplikationen erzielt. Nachfolgende Tabelle zeigt die Entwicklung des Umsatzes von 1980 – 1987:

Jahr	Umsatz (Tsd. $)	Wachstum (p. a.)
1980	53.800	23 %
1981	65.100	21 %
1982	75.400	16 %
1983	83.700	11 %
1984	88.700	6 %
1985	94.100	6 %
1986	100.600	7 %
1987	118.800	18 %

Aufgrund der schnellen technologischen Weiterentwicklung bei den Speicherchips und des sich daraus ergebenden raschen Preisverfalls entstand zwischen den Herstellern von Micro-Computern ein starker Wettbewerb. Jeder Hersteller mußte versuchen, seine Kosten möglichst stark zu senken, um mit aggressiven Preisstrategien am Markt trotzdem einen Gewinn erzielen zu können. Nachdem bereits Ende der siebziger Jahre erste Maßnahmen zur Automatisierung des Produktionsprozesses eingeleitet wurden, ergab sich 1984 die Notwendigkeit für ei-

---

* Überarbeitete Version des USW-Falls Nr. 235–89
© Universitätsseminar der Wirtschaft. Erarbeitet von Prof. Dr. A. G. Coenenberg und Dr. T. M. Fischer.

ne Strategieänderung, nachdem die asiatischen Konkurrenten aufgrund des niedrigen Lohnniveaus in der Massenproduktion von Standardgeräten einen unüberwindbaren Kostenvorteil erreicht hatten.

Änderung der Strategie

Eine ausführliche Studie des Micro-Computer-Markts sowie eine Untersuchung der Produktionskapazitäten machte deutlich, daß die Micro Comp Inc. sich auf kundenspezifisch ausgestattete Geräte spezialisieren sollte und daß dieses Geschäft ertragreich sein müßte. Die Umsetzung dieser Strategie machte es erforderlich, erstens mehr Gerätevariationen als bisher und zweitens in jeweils kleineren Stückzahlen wirtschaftlich zu fertigen. Deshalb entschloß man sich zu einer Erweiterung der Produktionskapazitäten. Zwischen 1984 und 1986 investierte die Micro Comp Inc. jährlich 10 Mio. $ in ihre Produktionsanlagen.

Das Investitionsprogramm führte zu einer völligen Umgestaltung des Produktionsprozesses. Die Fertigung der Micro-Computer war jetzt hoch automatisiert mit CNC-Maschinen und flexiblen Bearbeitungssystemen. Die Disposition und Steuerung der einzelnen Fertigungsschritte erfolgte ebenfalls mit einem rechnergestützten System. Die in großen Stückzahlen erforderlichen Grundkomponenten (Gehäuse, Laufwerke etc.) wurden in einer vollautomatisierten Fertigungslinie hergestellt bzw. zusammengebaut, während die für kundenspezifische Geräteapplikationen benötigten Komponenten (Steckkarten A, B und C) von externen Lieferanten zugekauft und nach einer internen Qualitätsprüfung in die Geräte eingebaut wurden.

Als Ergebnis der Umstrukturierungsmaßnahme stieg der Umsatz von Micro Comp. Inc. 1987 um 18 % auf 118,8 Mio. $. Das Geschäft setzte sich jetzt zu 70 % aus kundenspezifischen Micro-Computern und nur noch zu 30 % aus Standardgeräten zusammen.

Ein neues Verfahren für die Produktkalkulation

Seit der Firmengründung wurden die Selbstkosten der Micro-Computer mit der sogenannten Zuschlagskalkulation ermittelt. Dieses Verfahren verrechnet Materialkosten und Fertigungslöhne als Einzelkosten direkt auf die einzelnen Produkte. Bei den Gemeinkosten werden folgende Bestandteile unterschieden:

- *Materialgemeinkosten* (z. B. Kosten für Beschaffung und Lagerung) werden den einzelnen Produkten auf Basis der bewerteten Materialeinzelkosten zugerechnet.

- Die *Fertigungsgemeinkosten* (z. B. Energiekosten, Rüstzeiten) werden entweder in Abhängigkeit von den benötigten Arbeitsstunden oder, bei überwiegend automatisierter Fertigung, über die jeweils benötigten Maschinenstunden auf die Produkte verrechnet.

- Kosten, die für Fertigungsplanung/-steuerung und Qualitätskontrollen anfallen, sind in den *fertigungsbezogenen Verwaltungsgemeinkosten* enthalten, die auf die Summe aus Fertigungseinzel- und gemeinkosten verrechnet werden.

- Zuletzt werden noch die *Vertriebskosten* (Auftragskalkulation, Abrechnung, Versand), *Servicekosten* (Installation, Wartung) und die *Allgemeinen Verwaltungskosten* (Leitung, Personalabteilung, Forschung und Entwicklung, Organisation) jeweils mit einem Prozentsatz auf die Summe der Herstellkosten verrechnet. Die folgende Aufstellung verdeutlicht nochmals das Kalkulationsschema der Micro Comp Inc. und zeigt die Kostenstruktur vor bzw. nach der Strategieänderung:

	Kosten-struktur (alt)	Kosten-struktur (neu)
Materialeinzelkosten	34 %	37 %
+ Materialgemeinkosten	8 %	11 %
+ Fertigungseinzelkosten	27 %	13 %
+ Fertigungsgemeinkosten	10 %	12 %
+ Fertigungsbezogene Verwaltungsgemeinkosten	3 %	6 %
= Herstellkosten	82 %	79 %
+ Vertriebskosten	2 %	3 %
+ Servicekosten	2 %	3 %
+ Allgemeine Verwaltungskosten	14 %	15 %
= Selbstkosten	100 %	100 %

Zwei Jahre nach Einführung der neuen Produktstrategie wurden Schwächen des bisherigen Kalkulationsverfahrens vom Management wahrgenommen. Es wurde offensichtlich, daß mit der Zuschlagskalkulation der Zusmmenhang zwischen dem neuen Produkt-Mix und dem Anstieg der Gemeinkosten nicht mehr zutreffend abgebildet wurde.

Wie bereits erwähnt, wurde das Geschäft von Micro Comp Inc. jetzt zu 70 % mit kundenspezifisch ausgestatteten Micro-Computern erzielt. Gleichzeitig bezogen sich 74 % aller nach der Strategieänderung im Jahr 1987 angenommenen Aufträge auf weniger als fünf Micro-Computer. Diese machten jedoch nur 12 % der abgesetzten Stückzahlen aus, wie u. a. aus folgender Abbildung zu ersehen ist:

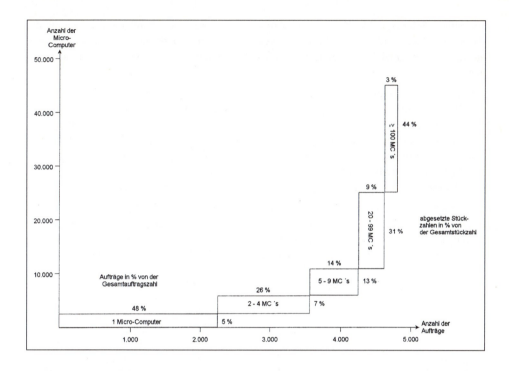

Die interne Abwicklung der gestiegenen Anzahl von Aufträgen mit kundenspezifischer Ausstattung zum einen und mit geringen Stückzahlen zum anderen war die Hauptursache für die Zunahme der Gemeinkosten in den angegebenen Bereichen von 39 % auf 50 % der Gesamtkosten. Jeder Auftrag muß – unabhängig von den georderten Stückzahlen – akquiriert, kalkuliert, disponiert und abgerechnet werden. Bis jetzt jedoch wurden die entstandenen Gemeinkosten je nach Verbrauch an Material, Löhnen oder Maschinenstunden auf die hergestellten Micro-Computer verrechnet.

Das Management erkannte nun aber, daß nicht die Höhe der Materialpreise oder der Fertigungslöhne Ursache für die gestiegenen Gemeinkosten war. In Wirklichkeit lösten die gestiegene Anzahl der akquirierten Aufträge, die unterschiedliche Höhe der jeweiligen Bestellmengen sowie die Bearbeitung der vom Kunden jeweils gewünschten spezifischen Geräteausstattung den Anstieg der Gemeinkosten in den verschiedenen Bereichen aus.

Die Vermutung lag nahe, daß die im Unternehmen beanspruchten Ressourcen zur Erfassung, technischen Begutachtung, Verwaltung und Abrechnung bei Aufträgen mit kundenspezifischen Micro-Computern wesentlich höher als bei Standardgeräten waren. Um die Gemeinkosten entsprechend der Inanspruchnahme der betrieblichen Ressourcen durch die Produkte möglichst verursachungsgerecht bei der Kalkulation verrechnen zu können, wurde bei Micro Comp Inc. ein prozeßorientiertes Kostenrechnungssystem eingeführt.

In einer sorgfältigen Erhebung wurden zunächst in einem ersten Schritt in den Büros die zur Abwicklung der Kundenaufträge erforderlichen Tätigkeiten ermittelt und zu sogenannten Hauptprozessen zusammengefaßt. Nach Abschluß der Untersuchung zeigten sich zwei unterschiedliche Schwerpunkte. Zum einen gab es Prozesse, die stärker durch die Bearbeitung der jeweiligen Gerätekonfiguration bestimmt wurden und zum anderen noch Prozesse, die mehr auf die interne Abwicklung der Kundenaufträge gerichtet waren. Insgesamt ergab sich folgendes Bild:

Konfigurationsabhängige Prozesse:
- Beschaffung
- Lagerung
- Fertigungsplanung und -steuerung
- Qualitätsprüfung
- Installierung beim Kunden
- Wartung

Auftragsabhängige Prozesse:
- Akquisition
- Kalkulation und Angebotsabgabe
- Auftragserfassung und -bestätigung
- Fakturierung
- Versand

In einem zweiten Schritt wurden die Kosten für die aufgeführten Hauptprozesse aus den bisher nur mit Zuschlagssätzen auf die Produkte verrechneten Gemeinkostenblöcken herausgenommen und als prozeßorientierte Kostenblöcke neu ausgewiesen. Die folgende Aufstellung verdeutlicht für das Jahr 1987 die Überleitung von der Zuschlagskalkulation hin zu einer prozeßorientierten Produktkalkulation (POK):

(in Tsd. $)	Zuschlagskalkulation	Umgliederung	POK
Material	38.850	0	38.850
Materialgemeinkosten	11.159	−11.159	
Beschaffung		+5.665	5.665
Lagerung		+5.494	5.494
Fertigungseinzelkosten	13.650	0	13.650
Fertigungsgemeinkosten	13.056	0	13.056
Fertigungsbezogene Verwaltungsgemeinkosten	6.285	−6.285	
Fertigungsplanung und -steuerung		+2.430	2.430
Qualitätsprüfung		+3.855	3.855
Herstellkosten	83.000	0	83.000
Vertriebskosten	3.443	−3.443	
Akquisition		+1.214	1.214
Kalkulation und Angebotsabgabe		+690	690
Auftragserfassung und -bestätigung		+339	339
Fakturierung		+302	302
Versand		+898	898
Servicekosten	3.546	−3.546	
Installierung beim Kunden		+2.844	2.844
Wartung		+702	702
Allgemeine Verwaltungskosten	15.011	0	15.011
Selbstkosten	105.000	0	105.000

Die erste Spalte zeigt die Herleitung der Selbstkosten in der traditionellen Aufteilung der Zuschlagskalkulation. Zur Überleitung auf die prozeßorientierte Kalkulation wurden insgesamt 24.433 Tsd. $ aus der traditionellen Aufteilung der Gemeinkosten herausgenommen und auf die jeweiligen prozeßorientierten Kostenblöcke verteilt. Lediglich die Fertigungsgemeinkosten und die allgemeinen Verwaltungskosten wurden weiter mit prozentualen Zuschlägen auf die Produkte verrechnet.

Da sich die in den Hauptprozessen zusammengefaßten Tätigkeiten in den Dienststellen von Micro Comp Inc. fortlaufend in gleicher oder ähnlicher Weise wiederholten, wurden im dritten Schritt der durchgeführten Untersuchung die Arbeitsergebnisse gezählt und als Prozeßmengen ausgewiesen. Aus der Gegenüberstellung von Prozeßkosten und Prozeßmengen wurden Prozeßkostensätze gebildet. Das Ergebnis dieser Überlegungen zeigt die nachfolgende Tabelle:

	Prozeß-größe	Prozeß menge (Einheiten)	Prozeß-kosten ($)	Prozeß-kostensatz ($/Einheit)
Konfigurations-abhängige Prozesse				
Beschaffung	Bauplanpositionen	5.130.000	5.130.000	1,00
	Steckkarten	53.550	535.500	10,00
Lagerung	Auslagerungspositionen	3.591.000	5.386.500	1,50
	Steckkarten	53.550	107.100	2,00
	(Σ Materialgemein-kosten)		(11.159.100)	
Fertigungsplanung/-steuerung	Fertigungsplanpositionen	1.215.000	2.430.000	2,00
Qualitätsprüfung	Standardmodule	450.000	3.150.000	7,00
	Steckkarte A	26.800	294.800	11,00
	Steckkarte B	17.800	249.200	14,00
	Steckkarte C	8.950	161.100	18,00
	(Σ Fertigungsbezogene Verwaltungsgemein-kosten)		(6.285.100)	
Geräteinstallierung beim Kunden	Standard-MC	13.500	513.000	38,00
	Spezial-MC	31.500	2.331.000	74,00
Wartung	Standard-MC	13.500	135.000	10,00
	Spezial-MC	31.500	567.000	18,00
	(Σ Servicekosten)		(3.546.000)	
		(Aufträge)	($)	($/Auftrag)
Auftragsabhängige Prozesse				
Auftragsakquisition	Standard-Aufträge	1.440	273.600	190,00
	kundenspezif. Aufträge	3.360	940.800	280,00
Kalkulation u. Angebotsabgabe	Standard-Aufträge	1.440	135.360	94,00
	kundenspezif. Aufträge	3.360	554.400	165,00
Auftrag erfassen u. bestätigen	Standard-Aufträge	1.440	83.520	58,00
	kundenspezif. Aufträge	3.360	255.360	76,00
Fakturierung	Aufträge	4.800	302.400	63,00
Versand	Aufträge	4.800	897.600	187,00
	(Σ Vertriebskosten)		(3.443.040)	
	(Σ Prozeßkosten)		(24.433.240)	

Prozeßmengengerüst pro Stück:

	Standard-MC (13.500 Stück)	Spezial-MC (31.500 Stück)
Bauplanpositionen	100	120
Steckkarten (A, B, C)	–	variabel
Auslagerungspositionen	70	84
Fertigungsplanpositionen	20	30
Standardmodule	10	10

Die Selbstkosten eines Produkts bzw. Auftrags ergaben sich nun aus den jeweils relevanten Prozeßkostensätzen multipliziert mit den entsprechenden Prozeßmengen und den weiter über die Zuschlagskalkulation verrechneten Gemeinkosten im Fertigungs- und Verwaltungsbereich.

Auswirkungen der prozeßorientierten Kostenrechnung

Die aufgrund der prozeßorientierten Kalkulation gewonnenen Informationen stellten für das Management von Micro Comp Inc. ein wichtiges Hilfsmittel bei der Entscheidung dar, welche Aufträge als profitabel einzustufen sind und folglich angenommen werden sollten.

Frank E. Young kommentierte die Bedeutung des prozeßorientierten Kalkulationssystems bei der Umsetzung der neuen Strategie:

»Ohne eine prozeßorientierte Kostenrechnung wäre unsere Differenzierungsstrategie sicherlich fehlgeschlagen. Mit den Informationen, die wir durch die Prozeßorientierung gewonnen haben, können wir die für uns lohnenden Aufträge besser erkennen. Auch wenn wir einige Aufträge an Wettbewerber abgeben müssen, vermeiden wir zumindest die Annahme unprofitabler Aufträge. Wer die Bedeutung prozeßorientierten Denkens für Micro Comp Inc. nachvollziehen will, sollte einfach die Kosten von einigen typischen Aufträgen einmal anhand der reinen Zuschlagskalkulation und dann mit zusätzlicher Prozeßorientierung ermitteln«.

Aufgabenstellung:

a) Welche Stückkosten ergeben sich aufgrund einer reinen Zuschlagskalkulation für jeweils einen Auftrag über 1 Standard-Micro-Computer und über 1 kundenspezifischen Micro-Computer (mit Steckkarten A, B und C)? Die Zuschlagssätze sollen dabei auf ganze Prozentwerte gerundet werden. Folgende Einzelkosten werden für einen Standard-MC veranschlagt:

            Material   744,– $
            Lohn   275,– $

Beim Einbau der Steckkarten in einen Spezial-MC fallen gegenüber der Standardausführung zusätzlich folgende Einzelkosten an:

	Material	Prüflohn
Steckkarte A	38	8
Steckkarte B	64	10
Steckkarte C	105	12
Σ	207	30

b) Zu welchem Ergebnis käme eine prozeßorientierte Kalkulation für jeweils einen Standard-MC und einen Spezial-MC?

Zuschlagskalkulation mit POK (Lösungshilfe):

Kosten (Zuschlagssatz) in $	Standard	Spezial
Materialeinzelkosten		

Materialgemeinkosten
    Beschaffung
    Lagerung		

Fertigungseinzelkosten		
Fertigungsgemeinkosten (96 % auf FEK)		

Fertigungsbezogene Verwaltungskosten
    Fertigungsplanung und -steuerung
    Qualitätsprüfung		

Herstellkosten		

Vertriebskosten
    Akquisition
    Kalkulation und Angebot
    Auftragseingang erfassen
    Fakturierung
    Versand		

Servicekosten
    Installierung beim Kunden
    Wartung		

Allgemeine Verwaltungskosten (18 % auf HK)		
Selbstkosten des Auftrags		
Stückkosten		

c) Weiterhin sollen zwei Aufträge à 10 bzw. à 20 Standard-MC bzw. Spezial-MC kalkuliert werden. Wie hoch sind die jeweiligen Stückkosten für einen Standard-MC oder einen Spezial-MC unter Anwendung der prozeßorientierten Zuschlagskalkulation? (Es kann die Lösungshilfe von Teilaufgabe b) verwendet werden.)

Lösung zur Fallstudie Micro Comp Inc.:

a) Zuschlagskalkulation

Kosten (Zuschlagssatz) in $	Standard	Spezial
Materialeinzelkosten (MEK)	744	951
Materialgemeinkosten (29 % auf MEK)	216	276
Fertigungseinzelkosten (FEK)	275	305
Fertigungsgemeinkosten (FGK) (96 % auf FEK)	264	293
Fertigungsbezogene Verwaltungskosten (23 % auf Summe aus FEK und FGK)	124	138
Herstellkosten	1.623	1.963
Vertriebskosten (4 % auf HK)	65	79
Servicekosten (4 % auf HK)	65	79
Allgemeine Verwaltungskosten (18 % auf HK)	292	353
Selbstkosten des Auftrags	2.045	2.474
Stückkosten	**2.045**	**2.474**

b) Zuschlagskalkulation mit POK (Aufträge mit je 1 Stück)

Kosten (Zuschlagssatz) in $	Standard	Spezial
Materialeinzelkosten	744	951
Materialgemeinkosten		
Beschaffung	100	150
Lagerung	105	132
Fertigungseinzelkosten	275	305
Fertigungsgemeinkosten (96 % auf FEK)	264	293
Fertigungsbezogene Verwaltungskosten		
Fertigungsplanung und -steuerung	40	60
Qualitätsprüfung	70	113
Herstellkosten	1.598	2.004
Vertriebskosten		
Akquisition	190	280
Kalkulation und Angebot	94	165
Auftragseingang erfassen	58	76
Fakturierung	63	63
Versand	187	187
(Summe)	(592)	(771)
Servicekosten		
Installierung beim Kunden	38	74
Wartung	10	18
(Summe)	(48)	(92)
Allgemeine Verwaltungskosten (18 % auf HK)	288	361
Selbstkosten des Auftrags	2.526	3.228
Stückkosten	**2.526**	**3.228**

c) Zuschlagskalkulation mit POK (Aufträge mit je 10 Stück)

Kosten (Zuschlagssatz) in $	Standard	Spezial
Materialeinzelkosten		
Materialgemeinkosten		
Beschaffung		
Lagerung		
Fertigungseinzelkosten		
Fertigungsgemeinkosten (96 % auf FEK)		
Fertigungsbezogene Verwaltungskosten		
Fertigungsplanung und -steuerung		
Qualitätsprüfung		
Herstellkosten	15.980	20.040
Vertriebskosten	592	771
Akquisition		
Kalkulation und Angebot		
Auftragseingang erfassen		
Fakturierung		
Versand		
Servicekosten	480	920
Installierung beim Kunden		
Wartung		
Allgemeine Verwaltungskosten (18 % auf HK)	2.876	3.607
Selbstkosten des Auftrags	19.928	25.338
Stückkosten	**1.993**	**2.534**

Zuschlagskalkulation mit POK (Aufträge mit je 20 Stück)

Kosten (Zuschlagssatz) in $	Standard	Spezial
Materialeinzelkosten		
Materialgemeinkosten		
Beschaffung		
Lagerung		
Fertigungseinzelkosten		
Fertigungsgemeinkosten (96 % auf FEK)		
Fertigungsbezogene Verwaltungskosten		
Fertigungsplanung und -steuerung		
Qualitätsprüfung		
Herstellkosten	31.960	40.080
Vertriebskosten	592	771
Akquisition		
Kalkulation und Angebot		
Auftragseingang erfassen		
Fakturierung		
Versand		
Servicekosten	960	1.840
Installierung beim Kunden		
Wartung		
Allgemeine Verwaltungskosten (18 % auf HK)	5.752	7.214
Selbstkosten des Auftrags	39.264	49.905
Stückkosten	**1.963**	**2.495**

Dritter Teil:

Weiterentwicklungen und Anwendungsmöglichkeiten in der Grenzkostenrechnung

9. Kapitel: Stufenweise Fixkostendeckungsrechnung

Aufgabe 9.1: Stufenweise Fixkostendeckungsrechnung

Das Unternehmen Frucht AG setzt sich aus den beiden Unternehmensbereichen Säfte und Obst zusammen. Der Bereich Säfte umfaßt die beiden Produkte Apfelsaft und Orangensaft, der Bereich Obst die Produktgruppen Stückobst und Mus. Die Produktgruppe Stückobst umfaßt die Produkte Ananas und Pfirsich, die Produktgruppe Mus die Produkte Pflaumen und Apfel.

Für den letzten Monat ergab sich folgende Verkaufsstatistik:

	Apfelsaft	Orangensaft	Ananas	Pfirsich	Pflaumen-mus	Apfelmus
Preis in DM	2	2	2	3	4	3
Absatzmenge in Stück	60.000	70.000	60.000	20.000	10.000	35.000
Rabatt u. ä. in DM	6.000	9.000	2.000	1.000	1.000	3.000

Aus der Buchhaltung sind die folgenden Kostenfaktoren für die einzelnen Produkte zu entnehmen:

	Apfelsaft	Orangensaft	Ananas	Pfirsich	Pflaumen-mus	Apfelmus
Materialstückkosten in DM	0,36	0,40	1	1,68	1,30	0,75
Lohnstückkosten in DM	0,72	0,67	0,12	0,70	0,56	0,15
fixe Kosten in DM	12.300	11.200	45.000	22.400	10.000	28.500

Daneben fallen für die Produktgruppen jeweils produktgruppenspezifische Kosten an. Bei Stückobst sind dies 4.000,– DM und bei Mus 7.400,– DM. Der Bereich Säfte verursacht 21.800,– DM Fixkosten, der Bereich Obst 24.000,– DM. Darüber hinaus entstanden im Unternehmen im letzten Monat noch Fixkosten in Höhe von 58.000,– DM.

Zu welchen Entscheidungen kommt der Geschäftsführer anhand einer Deckungsbeitragstiefenanalyse?

Lösung zu Aufgabe 9.1:

Unternehmen	FRUCHT AG						Gesamt
Bereich	Säfte		Obst				
Produktgruppe			Stückobst		Mus		
Produkt	Apfel	Orangen	Ananas	Pfirsich	Pflaumen	Apfel	
Umsatz	120.000	140.000	120.000	60.000	40.000	105.000	585.000
− Rabatte u. ä.	6.000	9.000	2.000	1.000	1.000	3.000	22.000
= Nettoumsatz	114.000	131.000	118.000	59.000	39.000	102.000	563.000
− Materialkosten	21.600	28.000	60.000	33.600	13.000	26.250	182.450
− Löhne	43.200	46.900	7.200	14.000	5.600	5.250	122.150
= Deckungsbeitrag I	49.200	56.100	50.800	11.400	20.400	70.500	258.400
− Produktfixe Kosten	12.300	11.200	45.000	22.400	10.000	28.500	129.400
= Deckungsbeitrag II	36.900	44.900	5.800	−11.000	10.400	42.000	129.000
Summe DB II	81.800		−5.200		52.400		
− Produktgruppenfixe Kosten	−		4.000		7.400		11.400
= Deckungsbeitrag III	81.800		−9.200		45.000		117.600
Summe DB III	81.800		35.800				
− Bereichsfixe Kosten	21.800		24.000				45.800
= Deckungsbeitrag IV	60.000		11.800				71.800
Summe DB IV			71.800				
− Unternehmensfixe Kosten			58.000				58.000
= Deckungsbeitrag V = Gewinn			13.800				13.800

Eine undifferenzierte Analyse kommt zu dem Ergebnis von 13.800,– DM Gewinn im letzten Monat. Bei weiterer Untergliederung (Deckungsbeitrag IV) erkennt man jedoch, daß der Bereich Säfte wesentlich stärker zu diesem Ergebnis beigetragen hat (60.000,– DM zu 11.800,– DM). Eine Analyse des Bereichs Obst ergibt ein negatives Resultat für die Produktgruppe Stückobst (Deckungsbeitrag III). Auf dieser Basis könnte eine Entscheidung des Geschäftsführers sein, diese Produktgruppe zu schließen. Da diese Entscheidung weitreichende Auswirkungen auf das Produktsortiment und die damit verbundenen Synergien haben könnte, ist dieses Zwischenergebnis weiter zu untersuchen. Auf Basis des Deckungsbeitrags II ergibt sich, daß das Produkt Pfirsich das negative Ergebnis verursacht. Neben der Möglichkeit der Stillegung können natürlich auch absatzfördernde oder kostenreduzierende Maßnahmen erwogen werden. Bei Anwendung der reinen Grenzkostenrechnung, also bei Zusammenführung der produktfixen, der produktgruppenfixen, der bereichsfixen sowie der unternehmensfixen Kosten zu einem Fixkostenblock, wäre die Entscheidung auf der Grundlage des Deckungsbeitrags I gefallen. Da alle Produkte einen positiven DB I aufweisen, wären damit alle Produkte als förderungswürdig betrachtet worden. Man sieht hieran deutlich die Vorzüge einer stufenweisen Fixkostendeckungsrechnung.

Aufgabe 9.2: Artikelergebnisrechnung

Dem Controller eines Unternehmens wird folgende monatliche Erfolgsrechnung (nach dem Umsatzkostenverfahren) vorgelegt:

Artikel	1	2	3	Σ
Absatzmenge (Stück)	11.420	6.800	9.410	
Preis (DM/Stück)	11,50	11,80	8,60	
Selbstkosten (DM/Stück)	14	9,20	6,80	
Erlöse	131.330	80.240	80.926	292.496
− Selbstkosten (DM)	159.880	62.560	63.988	286.428
davon fix (DM)	58.242	11.560	6.587	76.389
= Gewinn (DM)	−28.550	17.680	16.938	6.068
Stückgewinn (DM/Stück)	−2,50	2,60	1,80	

Aufgrund des negativen Gewinnbeitrags des Artikels 1 empfiehlt er die Eliminierung dieses Produkts aus dem Programm. Sein Rat wird befolgt und in der nächsten Periode erwirtschaftet das Unternehmen überraschend bei sonst identischen Daten einen Verlust in Höhe von 23.624,− DM.

a) Der Controller kann sich diesen Fehlbetrag nicht erklären. Wie kommt er zustande?

b) Welche Rechnung hätte er anstellen müssen, um zu einer sinnvollen Entscheidung zu gelangen?

Lösung zu Aufgabe 9.2:

a) Durch die Eliminierung des Artikels 1 aus dem Produktprogramm des Unternehmens werden sowohl die Erlöse als auch die Kosten, die vom eliminierten »Verlustartikel« verursacht wurden, tangiert. Die Erlöse entfallen ersatzlos. Die Kosten können kurzfristig jedoch nur auf den Fixkostensockel von 58.242,– DM vermindert werden:

Ergebnis des Artikels 2	17.680
+ Ergebnis des Artikels 3	16.938
+ nicht gedeckte fixe Kosten des Artikels 1	–58.242
= Ergebnis des Unternehmens	–23.624

b) Der Controller legt seinem Vorschlag Vollkosten zugrunde. Als Entscheidungskriterium gilt somit der Artikelgewinn. Kurzfristig sind jedoch die Fixkosten nicht entscheidungsrelevant, da sie ihrem Wesen nach nicht abbaubar sind. Deshalb sind nur variable Kosten (= Grenzkosten) in die Betrachtung einzubeziehen. In der Konsequenz führt dies zu einer Deckungsbeitragsrechnung:

Artikel	1	2	3	Σ
Absatzmenge (Stück)	11.420	6.800	9.410	
Preis (DM/Stück)	11,50	11,80	8,60	
variable Selbstkosten (DM/Stück)	8,90	7,50	6,10	
Erlöse (DM)	131.330	80.240	80.926	292.496
– variable Selbstkosten (DM)	101.638	51.000	57.401	210.039
= Deckungsbeitrag (DM)	29.692	29.240	23.525	82.457
Stück-DB (DM/Stück)	2,60	4,30	2,50	

Es zeigt sich, daß der Artikel 1 den höchsten Gesamtdeckungsbeitrag aller angebotenen Artikel liefert und damit noch rund 51 % der Fixkosten des Artikels abdeckt. Da alle drei Gesamtdeckungsbeiträge positiv sind, sollte keines der Artikel unter der Annahme freier Kapazitäten eliminiert werden.

Dies gilt allerdings nur unter kurzfristigen Gesichtspunkten, mittel- und langfristig muß selbstverständlich versucht werden, an der Situation etwas zu ändern.

10. Kapitel: Relative Einzelkosten- und Deckungsbeitragsrechnung

Aufgabe 10.1: Deckungsbeitragsrechnung mit relativen Einzelkosten

Die Makro GmbH hat sich auf die Produktion und den Vertrieb von Hard- und Software spezialisiert. Für die nächste Rechnergeneration, die durch die Multiprozessortechnik beherrscht wird, soll ein 64-Bit Betriebssystem konzipiert, programmiert und vertrieben werden. Aufgrund des hohen technischen Know Hows glaubt der Geschäftsführer Dr. Kömpel (Jahreseinkommen 250.000,– DM) dieses Betriebssystem in zehn Monaten auf den Markt bringen zu können.

An der Realisierung dieses Projekts arbeiten 100 der 500 seit längerem fest angestellten Entwickler und Programmierer mit, die 160 Stunden im Monat arbeiten und dabei durchschnittlich 3.500,– DM/Monat verdienen. Jeder dieser Angestellten hat am Arbeitsplatz einen eigenen PC zur Verfügung, der permanent während der Arbeitszeit in Betrieb ist und 250 Watt/h an Strom verbraucht. Die Stadtwerke verrechnen die Kilowattstunde Strom mit 0,30 DM. Ein Arbeitsplatz-PC kostet in der Herstellung 6.000,– DM und wird über vier Jahre linear abgeschrieben. Zur Verstärkung dieses Teams beschäftigt Dr. Kömpel in den letzten drei Monaten zusätzlich 20 freiberufliche Mitarbeiter, die jeweils 100 h/Monat zu Hause arbeiten und mit 3.200,– DM/Monat entlohnt werden.

Nach Fertigstellung belaufen sich die Kosten der Patentanmeldung für das neue Betriebssystem auf 100.000,– DM.

Als Produktmanager für das neue Betriebssystem setzt Dr. Kömpel seinen Mitarbeiter Schneider ein, der ein Jahresgehalt in Höhe von 125.000,– DM bezieht. Die Markteinführung bereitet Schneider mit einer aufwendigen Werbekampagne vor. Die Kosten für die Werbespots in Rundfunk und Fernsehen belaufen sich im ersten Monat auf 2.000.000,– DM. Allerdings wird dabei auch gleichzeitig für das neue 64-Bit Bürosoftwarepaket Werbung betrieben, da ein neues Betriebssystem ohne darauf abgestimmte Anwendersoftware nur wenig Nutzen stiftet.

Vertrieben wird das Betriebssystem ausschließlich als CD-ROM-Version. Im ersten Monat werden 100.000 Einzelplatzversionen verkauft. Diesen Erfolg führt Schneider auf den 10%igen Einführungsrabatt zurück, den die Makro GmbH innerhalb der ersten 30 Tage auf den offiziellen Verkaufspreis von 230,– DM/Einzelplatzversion (inkl. 15 % MwSt.) gewährt. Das Beschreiben der CDs mit dem digitalen Programmcode geschieht mittels einer Spezialmaschine (Anschaffungskosten 25.000,– DM; lineare Abschreibung über 5 Jahre), die seit zwei Jahren in Betrieb ist. Ein CD-Rohling kostet 0,50 DM. Für das Beschreiben fallen

Stromkosten in Höhe von 1,– DM/Stück an. Bei der Vervielfältigung arbeitet die Maschine mit einem Ausschuß von 10 %.

a) Welche der oben genannten Kosten sind Einzelkosten der Produkteinheit, der Produktgruppe, des Produktbereichs bzw. des Produktionsprogramms?

b) Zu welchem Ergebnis führt die mehrfach gestufte Erfolgsrechnung mit relativen Einzelkosten für das neue Betriebssystem?

Lösung zu Aufgabe 10.1:

a) Folgende Zuordnung der Einzelkosten kann vorgenommen werden:

Einzelkosten der Produkteinheit (= eine CD mit Betriebssystem):
– Kosten für die CD-Rohlinge (inkl. Ausschuß),
– Stromkosten der Spezialmaschine zum Beschreiben der Rohlinge.

Einzelkosten der Produktgruppe (= Betriebssystem):
– Arbeitslohn der 100 Entwickler und Programmierer,
– Stromkosten der 100 Arbeitsplatz-PCs,
– Arbeitslohn der 20 freiberuflichen Mitarbeiter,
– Patentkosten.

Einzelkosten des Produktbereichs (= Softwarebereich):
– Arbeitslohn der restlichen 400 Entwickler und Programmierer,
– Gehalt des Produktmanagers Schneider,
– Stromkosten der restlichen 400 Arbeitsplatz-PCs,
– Kosten der Werbekampagne.

Einzelkosten des Produktionsprogramms (= gesamter Unternehmensbereich):
– Gehalt des Geschäftsführers Dr. Kömpel.

Die Kosten der Abschreibung für die Arbeitsplatz-PCs und für die Spezialmaschine stellen nach RIEBEL sogenannte Perioden-Gemeinkosten offener Perioden dar, da die Nutzungsdauer eines Anlageguts erst nach dessen Ausmusterung eindeutig bestimmt werden kann. Eine Zurechnung zu den Perioden-Einzelkosten ist somit a priori nicht möglich.

b) Bruttoerlöse (230 × 100.000)   23.000.000

– Einführungsrabatt (0,1 × 230 × 100.000)   2.300.000

– Mehrwertsteuer (27 × 100.000)   2.700.000

= Nettoerlöse   18.000.000

– Materialkosten (0,50 × 100.000 × $\frac{10}{9}$)   55.556

– Stromkosten der Spezialmaschine (1 × 100.000 × $\frac{10}{9}$)   111.112

= Deckungsbeitrag I   17.833.332

– Arbeitslohn der 100 Entwickler und Programmierer (10 × 100 × 3.500)   3.500.000

– Stromkosten der Arbeitsplatz-PCs (10 × 100 × 160 × 0,30 × 0,25)   12.000

– Arbeitslohn der 20 freiberuflichen Mitarbeiter (3 × 20 × 3.200)   192.000

– Patentkosten   100.000

= Deckungsbeitrag II   14.029.332

Das heißt aus dem bisherigen Verkauf des neuen Betriebssystems konnte ein Deckungsbeitrag in Höhe von 14.029.332,– DM erwirtschaftet werden. Eine Zurechnung weiterer Kosten zur Produktgruppe Betriebssystem ist nicht zulässig, da die Erfolgsrechnung mit relativen Einzelkosten eine Schlüsselung von Gemeinkosten nicht vorsieht. Dieser Deckungsbeitrag muß, neben weiteren Deckungsbeiträgen wie bspw. aus dem Verkauf von Anwendersoftware, die Einzelkosten des Produktbereichs, die Einzelkosten des Produktionsprogramms sowie die Perioden-Gemeinkosten abdecken (vgl. a)), bevor die Makro GmbH gewinnbringend wirtschaftet.

11. Kapitel: Break-even-Analyse

Aufgabe 11.1: Grundmodelle

In einem Unternehmen werden 1 Mio. Fernsehgeräte produziert und abgesetzt. Die Kapazitätsgrenze liegt bei 1,6 Mio. Stück. Die Fernsehgeräte werden zu einem Preis von 850,– DM pro Stück verkauft. Die Kostensituation des Unternehmens stellt sich wie folgt dar:

    variable Kosten (K_v)   350 Mio. DM
    Fixkosten (K_f)   400 Mio. DM

a) Wie viele Fernseher muß das Unternehmen verkaufen, um keinen Verlust zu erzielen? Wie ergibt sich das Ergebnis anhand des Umsatz-Gesamtkosten-Modells im Vergleich zum Deckungsbeitrags-Modell?

b) Die Unternehmensleitung überlegt, den Verkauf über Vertreter abzuwickeln. Wie würde sich die Break-even-Menge verändern, wenn jeder Vertreter mit 10 % am Umsatz beteiligt wird?

Lösung zu Aufgabe 11.1:

Der Umsatz (U) im Unternehmen beträgt:

$$x \times p = 1 \text{ Mio.} \times 850 = 850 \text{ Mio. DM}$$

Unter Berücksichtigung der Kosten (K) von

$$K_v + K_f = 350 \text{ Mio.} + 400 \text{ Mio.} = 750 \text{ Mio. DM}$$

ergibt sich ein Gewinn (G) von:

$$U - K = 850 \text{ Mio.} - 750 \text{ Mio.} = 100 \text{ Mio. DM}$$

Die variablen Kosten pro Fernsehgerät betragen dabei:

$$k_v = \frac{K_v}{x} = \frac{350 \text{ Mio.}}{1 \text{ Mio.}} = 350,\text{– DM/Stück}$$

Der Deckungsbeitrag pro Stück (d) beträgt also:

$$p - k_v = 850 - 350 = 500,\text{– DM/Stück}$$

a) Es lassen sich zwei Analyseformen zur Bestimmung der Break-even-Menge unterscheiden: Umsatz-Gesamtkosten-Modell und Deckungsbeitrags-Modell.

Beim Umsatz-Gesamtkosten-Modell ergibt sich die Gewinnschwelle im Schnittpunkt der Umsatz- und der Gesamtkostenlinie.

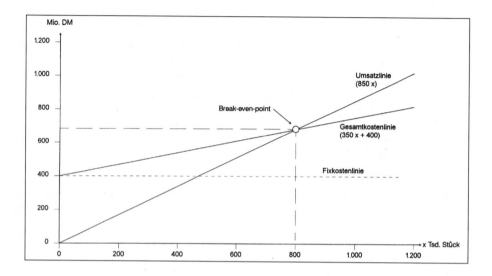

Rechnerisch ergibt sich die Break-even-Menge aus:

$$
\begin{aligned}
p \times x - k_v \times x - K_f &= 0 \\
\Rightarrow 850 \times x - 350 \times x - 400 \text{ Mio.} &= 0 \\
\Leftrightarrow 500 \times x &= 400 \text{ Mio.} \\
\Leftrightarrow x &= \frac{400 \text{ Mio.}}{500} \\
\Rightarrow x_{BEP} &= 800.000 \text{ Stück}
\end{aligned}
$$

Beim Deckungsbeitrags-Modell erhält man den Break-even-point aus dem Schnittpunkt der Fixkostenlinie mit der Deckungsbeitragslinie.

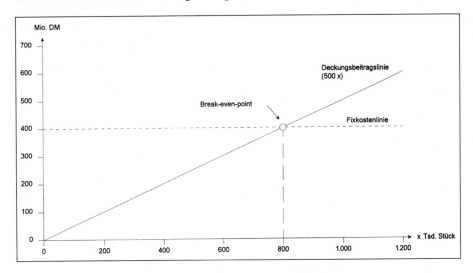

Die Vorteile des Deckungsbeitrags-Modells liegen in der leichteren Lesbarkeit und in seiner Erweiterbarkeit für Variationen der Parameter Fixkosten und Deckungsbeitrag. Im Gegensatz zum Umsatz-Gesamtkosten-Modell wirken sich Veränderungen des Preises p und der variablen Kosten k_v nur auf die Steigung einer Geraden, der Deckungsbeitragslinie, aus.

b) Die Vertreterprovision von 10 % gleich 85,- DM/Stück kann sowohl als Erlösschmälerung (Senkung des Ertrags) als auch als Erhöhung der variablen Kosten pro Stück angesehen werden. Die Wirkung ist jedoch gleich, da der Deckungsbeitrag pro Stück jeweils um 85,- DM fällt. Somit ergibt sich im DB-Modell:

$$DB - K_f = 0$$
$$\Rightarrow x \times d = K_f$$
$$\Leftrightarrow x = \frac{K_f}{d}$$
$$\Rightarrow x_{BEP} = \frac{400 \text{ Mio.}}{500 - 85} \approx 963.856 \text{ Stück}$$

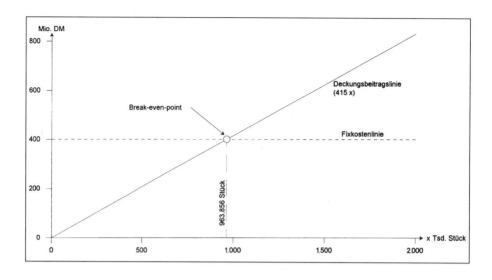

Aufgabe 11.2: Mengenänderungen in der Break-even-Analyse

Die Brauerei Rhönbräu AG produziert bisher nur eine Biersorte, und zwar Export. Bei einer Absatzmenge von einer Million Liter entstehen dabei Gesamtkosten in Höhe von 1.100.000,– DM. Der Fixkostenanteil beträgt 300.000,– DM. Auf dem stark umkämpften Markt können die Verkäufer pro Liter einen Preis von 1,70 DM erzielen. Für ihre herausragende Arbeit erhalten sie 0,10 DM pro Liter als Verkäuferprovision, die jedoch noch nicht in den Gesamtkosten berücksichtigt wurde.

a) Wieviel Liter Export muß die Rhönbräu AG verkaufen, um einen Gewinn in Höhe von 700.000,– DM zu erzielen?

b) Wie hoch ist die Sicherheitsmarge, d. h. um wieviel Prozent darf die Kapazitätsauslastung höchstens sinken, wenn ein Verlust vermieden werden soll und die gegenwärtige Verkaufsmenge einen Gewinn von 500.000,– DM abwirft?

c) Welcher Kapazitätsgrad errechnet sich bei einer Verkaufsmenge von 1.000.000 Litern?

Lösung zu Aufgabe 11.2:

a) Grundlegende Zielsetzung der Break-even-Analyse ist es, diejenige Menge eines Produkts zu bestimmen, deren Verkaufserlös neben den variablen Kosten gerade auch die anfallenden Fixkosten deckt. Postuliert man nun einen Gewinn in einer bestimmten Höhe, so läßt sich dieser Betrag ebenfalls als fixer Bestandteil interpretieren, den es zu erwirtschaften gilt. Diese Überlegung mündet in einer leicht modifizierten Break-even-Formel (aufgelöst nach der gesuchten Menge x):

$$x = \frac{K_f + G}{p - k_v}$$

Die gesamten variablen Kosten (K_v) betragen:

$$K - K_f = 1.100.000 - 300.000 = 800.000,- \text{ DM}$$

Hieraus resultieren variable Stückkosten (k_v) in Höhe von:

$$k_v = \frac{K_v}{x_{Ist}} = \frac{800.000}{1.000.000} = 0,80 \text{ DM/Liter}$$

Unter Berücksichtigung der noch nicht erfaßten Verkäuferprovision errechnet sich weiterhin ein Deckungsbeitrag pro Liter (d) von:

$$d = p - k_v = (1,70 - 0,10) - 0,80 = 0,80 \text{ DM/Liter}$$

Um einen Gewinn (G) in Höhe von 700.000,– DM zu erzielen muß die Rhönbräu AG folglich

$$x = \frac{300.000 + 700.000}{0,80} = 1.250.000 \text{ Liter}$$

Bier der Sorte Export verkaufen.

Ohne Gewinnvorgabe errechnet sich eine Break-even-Menge in Höhe von:

$$x_{BEP} = \frac{K_f}{p - k_v} = \frac{300.000}{0,80} = 375.000 \text{ Liter}$$

Das heißt die Rhönbräu AG muß 1.250.000 – 375.000 = 875.000 Liter Export mehr produzieren und am Markt absetzen, um die Gewinnvorgabe realisieren zu können.

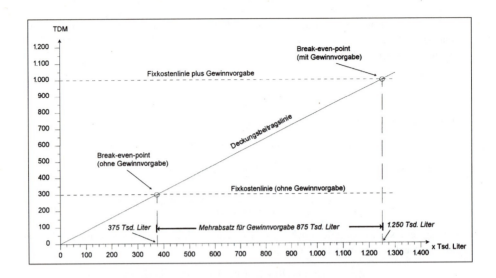

b) Die Frage nach der Sicherheitsmarge wird durch die Angabe des sog. Sicherheitskoeffizienten (S) beantwortet. Unter den gegebenen Voraussetzungen und gemäß der Berechnung in a) umfaßt x_{BEP} = 375.000 Liter Export. Der Sicherheitskoeffizient errechnet sich daher wie folgt:

$$S = \frac{x_{Ist} - x_{BEP}}{x_{Ist}} \times 100$$

$$= \frac{1.000.000 - 375.000}{1.000.000} \times 100$$

$$= 62,5\ \%$$

Somit kann die Rhönbräu AG bei gegebener Kapazität, Kostenstruktur und Lage des Absatzmarkts ihre Kapazitätsauslastung um 62,5 % senken, ohne einen Verlust realisieren zu müssen.

c) Der Kapazitätsgrad (KG) als Maßzahl für die Angemessenheit der vorhandenen Kapazität im Verhältnis zur vorhandenen Marktsituation ist folgendermaßen definiert:

$$KG = \frac{DB}{K_f}$$

Bei einer Verkaufsmenge von 1.000.000 Litern Export wird ein Gesamtdeckungsbeitrag (DB) in Höhe von

$$DB = x \times d = 1.000.000 \times 0,80 = 800.000,-\ DM$$

erwirtschaftet.

Infolgedessen ergibt sich folgender Kapazitätsgrad:

$$KG = \frac{800.000}{300.000} \approx 2,67$$

Das heißt bei der gegebenen Marktsituation kann die Rhönbräu AG die Biersorte Export kostenmäßig so produzieren, daß die anfallenden Fixkosten 2,67fach gedeckt werden.

Aufgabe 11.3: Kosten- und Preisänderungen

Die G. Wohl Schuh-Gesellschaft betreibt eine Reihe gemieteter Schuhgeschäfte. Die Läden verkaufen zehn verschiedene Arten von Herrenschuhen, die sich weder in ihren Einkaufs- noch in ihren Verkaufspreisen voneinander unterscheiden.

Der Inhaber möchte nun wissen, wie sein Unternehmen gegen zukünftige Kostenänderungen gewappnet ist und ob sich vielleicht Preiserhöhungen durchsetzen lassen. Bei seinen Überlegungen geht er von folgenden Daten aus:

Verkaufspreis je Paar	210,– DM
Einkaufspreis je Paar	136,50 DM
5 % Verkaufsprovision je Paar	10,50 DM
Miete	600.000,– DM
Löhne und Gehälter	1.400.000,– DM
Werbung	520.000,– DM

Zur Zeit verkauft er 50.000 Paar und erzielt damit einen Gewinn von 630.000,– DM.

a) Welche Menge an Herrenschuhen müßte er mindestens verkaufen, wenn er nur seine Kosten decken will?

b) Wie verändert sich sein Gewinn wenn er eine 10 %ige Mieterhöhung hinzunehmen hat?

c) Um wieviel Prozent muß die G. Wohl Schuh-Gesellschaft ihre Preise erhöhen, wenn zusätzlich zur Mieterhöhung die Einkaufspreise um 10 % steigen und sie weiterhin einen Gewinn von 630.000,– DM erzielen möchte?

d) Bei einer unveränderten Ausgangssituation möchte der Inhaber seine Verkaufspreise erhöhen und damit mehr Umsatz sowie mehr Gewinn erzielen. Ein Unternehmensberater stellt ihm folgende Rechnung auf:

Preiserhöhung	p	k_v	$d = p - k_v$	$DB = d \times x$
unverändert	210	147	63	3.150.000
+5 %	220,50	147,525	72,975	3.648.750
+10 %	231	148,05	82,95	4.147.500
+20 %	252	149,10	102,90	5.145.000

Der Inhaber peilt nun einen Gewinn von 800.000,– DM an. Wie viele Herrenschuhe muß er bei den verschiedenen Preiserhöhungen verkaufen?

Lösung zu Aufgabe 11.3:

a) Der Deckungsbeitrag pro Schuh beträgt:

$$d = 210 - 136{,}50 - 10{,}50 = 63{,}- \text{ DM/Paar}$$

Bei einem Fixkostenblock von insgesamt 2.520.000,– DM ergibt sich eine Break-even-Menge von:

$$x_{BEP} = \frac{K_f}{d} = \frac{2.520.000}{63} = 40.000 \text{ Paar}$$

b) Durch die 10 %ige Mieterhöhung erhöht sich der Fixkostenblock um 60.000,– DM auf 2.580.000,– DM. Bei einer unveränderten Absatzmenge von 50.000 Paar ergibt sich ein Gewinn von:

$$50.000 \times 63 - 2.580.000 = 570.000{,}- \text{ DM}$$

c) Miete: $\quad 600.000 \times 1{,}1 = 660.000{,}- \text{ DM}$
Einkaufspreis pro Paar: $\quad 136{,}50 \times 1{,}1 = 150{,}15 \text{ DM/Paar}$

Die variablen Stückkosten sind somit:

$$k_v = 150{,}15 + 0{,}05 \times p$$

Der Plan-Deckungsbeitrag (DB) ist:

$$DB = 2.520.000 + 60.000 + 630.000 = 3.210.000{,}- \text{ DM}$$

Die Planmenge beträgt x = 50.000 Paar.

Eingesetzt in die deckungsbeitragsbezogene Kalkulationsformel

$$p = k_v + \frac{DB}{x}$$

ergibt sich folgender Preis:

$$\begin{aligned}
p &= 150{,}15 + 0{,}05 \times p + \frac{3.210.000}{50.000} \\
\Leftrightarrow 0{,}95 \times p &= 150{,}15 + 64{,}20 \\
\Leftrightarrow p &\approx 225{,}63 \text{ DM/Paar}
\end{aligned}$$

Der Preis muß also um

$$\frac{225{,}63 - 210}{210} \times 100 \approx 7{,}4 \text{ \%}$$

erhöht werden, um die Kostensteigerung abzufangen.

d) Folgende Tabelle stellt die Preiserhöhung mit dem entsprechenden Gewinn bei sonst unveränderten Bedingungen heraus:

Preiserhöhung	Gewinn
unverändert	630.000
+5 %	1.128.750
+10 %	1.627.500
+20 %	2.625.000

Um mit dem alten Preis von 210,– DM/Paar einen Gewinn von 800.000,– DM zu erreichen ist eine Absatzmenge von

$$x = \frac{3.320.000}{63} \approx 52.698{,}4 \approx 52.699 \text{ Paar}$$

erforderlich.

Es ist jedoch anzunehmen, daß die Preiserhöhungen mit Absatzeinbußen verbunden sind. Die Break-even-Analyse ermöglicht die Ermittlung der beim Plangewinn mindestens erforderlichen Absatzmengen. Für eine Preiserhöhung von z. B. 5 % gilt:

$$x_{BEP} = \frac{2.520.000 + 800.000}{72{,}975}$$
$$\approx 45.495{,}03 \approx 45.496$$

Eine Übersicht über alle Break-even-Mengen gibt die nachstehende Tabelle:

Preis	x_{BEP}
unverändert	52.699
+5 %	45.496
+10 %	40.025
+20 %	32.265

Aufgabe 11.4: Globale und differenzierte Fixkostenbehandlung im Mehrproduktunternehmen

Das Produktsortiment der Rhönbräu AG besteht nun aus den Sorten Weizen, Export, Pils und Alt. Dem Management werden für das kommende Geschäftsjahr folgende Plandaten für die jeweilige Sorte übermittelt:

Sorte	Preis pro Liter	Verkaufsmenge in Liter	Stückdeckungsbeitrag	produktfixe Kosten
Weizen	2,00	300.000	0,40	130.000
Export	1,60	600.000	0,70	250.000
Pils	1,80	400.000	0,60	140.000
Alt	1,70	200.000	0,50	100.000

Des weiteren rechnet die Geschäftsleitung mit zusätzlichen Kosten für die Gebäudereinigung und die Unterhaltung der Kantine in Höhe von 80.000,- DM bzw. 120.000,- DM.

a) Der Geschäftsführer Dr. Helfrich möchte gerne wissen, mit welchem Umsatz möglichst schnell die Gewinnzone erreicht werden kann. Des weiteren interessieren ihn die dabei abgesetzten Mengen der einzelnen Biersorten. Aus Zeitgründen weist er seinen Assistenten an, zur Berechnung das Verfahren der globalen Fixkostenbehandlung anzuwenden.

b) Welche Annahmen liegen dem in a) genannten Verfahren zu Grunde?

c) Dr. Helfrich will eine weitere Analyse der Plandaten vornehmen. Er bittet nun seinen Assistenten, ihm eine Berechnung anhand des Verfahrens der differenzierten Fixkostenbehandlung vorzunehmen.

d) Welche Schlußfolgerungen kann der Geschäftsführer aus den Ergebnissen von a) ziehen?

Lösung zu Aufgabe 11.4:

a) Das Verfahren der globalen Fixkostenbehandlung verzichtet auf eine Unterteilung der Fixkosten in produkt- und unternehmensspezifische Komponenten und somit auf eine differenzierte Betrachtung des Fixkostenblocks. Daher belasten die gesamten Fixkosten (produkt- und unternehmensfixe) bereits zu Beginn des Verfahrens das Periodenergebnis in voller Höhe mit 620.000 + 200.000 = 820.000,- DM. Anschließend werden die Deckungsbeiträge der jeweiligen Biersorten sukzessive gegengerechnet. Die Reihenfolge, anhand deren die Produkte in der Berechnung berücksichtigt werden, wird durch die jeweilige Deckungsbeitragsintensität der Biersorten bestimmt. Mittels dieser Kennzahl wird eine absteigende Sortierung vorgenommen.

Diese Überlegungen fließen in nachfolgende Rechnung ein:

Sorte	DB (= d × x)	Umsatz (= p × x)	Deckungsbeitragsintensität $\left(=\dfrac{DB}{Umsatz}\right)$	Reihenfolge
Weizen	120.000	600.000	20 %	4
Export	420.000	960.000	43,75 %	1
Pils	240.000	720.000	33,33 %	2
Alt	100.000	340.000	29,41 %	3

Biersorte	Umsatz		Nettoergebnis
		− Fixkosten	− 820.000
Export	960.000	+ DB_{Export}	+ 420.000
	960.000		− 400.000
Pils	720.000	+ DB_{Pils}	+ 240.000
	1.680.000		− 160.000
Alt	340.000	+ DB_{Alt}	+ 100.000
	2.020.000		− 60.000
Weizen	600.000	+ DB_{Weizen}	+ 120.000
	2.620.000		60.000

Das Diagramm gemäß dieser Rechnung zeigt die nachstehende Abbildung:

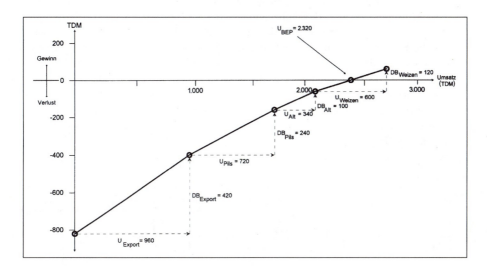

Als Ergebnis liefert das Verfahren der globalen Fixkostenbehandlung genau einen Break-even-Umsatz in Höhe von:

$$U_{BEP} = 960.000 + 720.000 + 340.000 + \frac{60.000}{120.000} \times 600.000 = 2.320.000,- \text{ DM}$$

Um diesen Umsatz zu erzielen, müssen die geplanten Verkaufsmengen der Biersorten Export, Pils und Alt jeweils zu 100 % und die Biersorte Weizen zu 50 % am Markt abgesetzt werden. Das entspricht einer jeweiligen Verkaufsmenge von 600.000 Liter Export-, 400.000 Liter Pils-, 200.000 Liter Alt- und 150.000 Liter Weizenbier.

b) Der Geschäftsführer der Rhönbräu AG Dr. Helfrich möchte, da er möglichst schnell die Gewinnzone erreichen will, die Höhe des niedrigsten Break-even-Umsatzes ermittelt wissen. Daher unterstellt die unter a) vorgestellte Variante der globalen Fixkostenbehandlung, daß Absatzeinbußen nur bei den Produkten mit der jeweils geringsten Deckungsbeitragsintensität vorkommen. Für die Rhönbräu AG heißt das konkret, daß lediglich der Absatz der Biersorte Weizen maximal um 50 % sinken darf, da sonst der ermittelte Break-even-Umsatz nicht mehr realisiert werden könnte.

Würde man hingegen unterstellen, daß alle Produkte mengenproportional von Absatzeinbrüchen betroffen werden, so ist der Break-even-Umsatz anhand der durchschnittlichen Deckungsbeitragsintensität (= Ød/Øp) zu ermitteln. Folglich wird ein konstanter Produktmix unterstellt. Der zugehörige Break-even-Umsatz errechnet sich wie folgt:

$$U_{BEP} = \frac{K_f}{\frac{\emptyset d}{\emptyset p}} = \frac{K_f}{\frac{DB}{U}} = \frac{820.000}{\frac{880.000}{2.620.000}} \approx 2.441.363,64 \text{ DM}$$

c) Im Gegensatz zur Methode der globalen Fixkostenbehandlung berücksichtigt das Verfahren der differenzierten Fixkostenbehandlung das Problem der sachlichen Verteilung der Fixkosten. Zu diesem Zweck wird der Fixkostenblock in produkt- und unternehmensspezifische Komponenten aufgespalten. Während Unternehmensfixkosten wieder zu Beginn des Verfahrens das Periodenergebnis in voller Höhe belasten (im Falle der Rhönbräu AG mit 200.000,- DM), werden die jeweiligen Produktfixkosten erst erfaßt, sobald eine Einheit des jeweiligen Produkts produziert wird. Anschließend werden die Deckungsbeiträge der jeweiligen Biersorten ebenfalls sukzessive angerechnet. Die Reihenfolge, anhand derer die Produkte in der Berechnung berücksichtigt werden, orientiert sich am Gewinnbeitrag der jeweiligen Produkte.

Rechnung:

Sorte	Deckungsbeitragsintensität $\left(=\frac{DB}{Umsatz}\right)$	Reihenfolge	Ergebnisbeitrag (= DB – produktfixe Kosten)
Weizen	20 %	4	–10.000
Export	43,75 %	1	170.000
Pils	33,33 %	2	100.000
Alt	29,41 %	3	0

Biersorte	Umsatz		Nettoergebnis
		− Unternehmensfixkosten	− 200.000
Export	960.000	− Produktfixkosten$_{Export}$	− 250.000
	960.000	+ DB$_{Export}$	+ 420.000
			− 30.000
Pils	720.000	− Produktfixkosten$_{Pils}$	− 140.000
	1.680.000	+ DB$_{Pils}$	+ 240.000
			70.000
Alt	340.000	− Produktfixkosten$_{Alt}$	− 100.000
	2.020.000	+ DB$_{Alt}$	+ 100.000
			70.000
Weizen	600.000	− Produktfixkosten$_{Weizen}$	− 130.000
		+ DB$_{Weizen}$	+ 120.000
	2.620.000		60.000

Das Diagramm gemäß dieser Rechnung zeigt die nachstehende Abbildung:

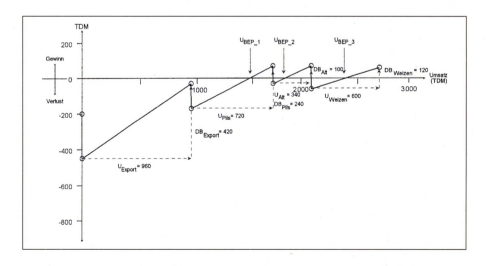

Das Verfahren der differenzierten Fixkostenbehandlung liefert als Ergebnis durchaus auch mehrere Break-even-Umsätze. Die hier relevanten Umsätze der Rhönbräu AG errechnen sich wie folgt:

$$U_{BEP\_1} = 960.000 + \frac{170.000}{240.000} \times 720.000 = 1.470.000,- \text{ DM}$$

$$U_{BEP\_2} = 960.000 + 720.000 + \frac{30.000}{100.000} \times 340.000 = 1.782.000,- \text{ DM}$$

$$U_{BEP\_3} = 960.000 + 720.000 + 340.000 + \frac{60.000}{130.000} \times 600.000 = 2.320.000,- \text{ DM}$$

d) Die Ergebnisse von a) lassen folgende Schlußfolgerungen von Dr. Helfrich zu:

- Das Verfahren der differenzierten Fixkostenbehandlung liefert im Gegensatz zur globalen Fixkostenbehandlung nicht immer ein eindeutiges Ergebnis.

- Die Rhönbräu AG wird die Produktion und den Verkauf der Biersorte Weizen einstellen, da deren Ergebnisbeitrag den möglichen Periodengesamterfolg von 70.000,- DM um 10.000,- DM auf 60.000,- DM verringert.

- Die Umsätze der Produktkombinationen Export/Pils sowie Export/Pils/Alt liefern beide einen Gewinn von 70.000,- DM. Daher kann die Frage der weiteren Produktion von Altbier aufgrund der alleinigen und isolierten Betrachtung durch die Break-even-Analyse nicht entschieden werden. Somit müssen neben den Kosten noch weitere Parameter in den Entscheidungsfindungsprozeß mit einbezogen werden (z. B. Wert des breiteren Produktsortiments, beschäftigungspolitische Größen).

Aufgabe 11.5: Externe Break-even-Analyse

Die Diabetic Instruments GmbH veröffentlicht die folgende (auszugsweise wiedergegebene) Gewinn- und Verlustrechnung auf Teilkostenbasis (Angaben in DM):

Umsatzerlöse	4.500.000	
− umsatzbezogene Herstellungskosten (Herstellungskosten = Einzelkosten)	1.500.000	
= Bruttoergebnis vom Umsatz		3.000.000
− fixe Gemeinkosten der Herstellung	900.000	
− Vertriebskosten	1.250.000	
− Verwaltungskosten	400.000	
− sonstiger betrieblicher Aufwand	180.000	
= Ergebnis der gewöhnlichen Geschäftstätigkeit		270.000

Aus Bilanz und Lagebericht wird ersichtlich, daß das positive Ergebnis insbesondere auf die deutliche Reduzierung der Lagerbestände an Fertigerzeugnissen aus dem letzten Jahr infolge verstärkter Verkaufsanstrengungen zurückzuführen ist.

Laut Anhang betragen die (rein zeitabhängigen) Abschreibungen 730.000,– DM.

a) Zu welchem Ergebnis führt eine externe Break-even-Analyse? Wie lautet dabei die Höhe des Umsatzes im Break-even-point, im Cash-point sowie der Sicherheitskoeffizient? Wie können Aussagewert und Ergebnisse interpretiert werden?

b) Mit welchem Ergebnis der gewöhnlichen Geschäftstätigkeit müßte die Diabetic Instruments GmbH rechnen, wenn sie ihre Erfolgsrechnung auf Basis einer Vollkostenrechnung erstellen würde? Auf welche Informationen müßte in diesem Fall zurückgegriffen werden, wenn ebenfalls eine Break-even-Analyse durchgeführt werden soll?

Lösung zu Aufgabe 11.5:

a) Der Umsatz im Break-even-point errechnet sich aus folgender Formel:

$$U_{BEP} = \frac{K_f}{\frac{DB}{U}} = \frac{K_f}{1 - \frac{K_v}{U}}$$

Aus den Angaben ergibt sich:

K_f = 900.000 + 1.250.000 + 400.000 + 180.000 = 2.730.000,– DM
K_v = 1.500.000,– DM
DB = 4.500.000 – 1.500.000 = 3.000.000,– DM

Für den Umsatz im Break-even-point erhält man damit:

$$U_{BEP} = \frac{2.730.000}{1 - \frac{1.500.000}{4.500.000}} = 4.095.000,- \text{DM}$$

Der Umsatz im Break-even-point gibt jenen Umsatz wieder, der mindestens erzielt werden muß, um Kostendeckung zu erreichen.

Da Abschreibungen für das Unternehmen zwar Kosten jedoch keine Ausgaben darstellen, werden sie für die Berechnung des Cash-points UCP von den zu deckenden Fixkosten abgezogen, wobei vereinfachend angenommen wird, daß der Cash Flow sich aus Gewinn plus Abschreibungen zusammensetzt:

$$U_{CP} = \frac{K_f - A}{\frac{DB}{U}} = \frac{2.730.000 - 730.000}{\frac{4.500.000 - 1.500.000}{4.500.000}} = 3.000.000,- \text{DM}$$

Der Umsatz im Cash-point gibt also jenen Umsatz wieder, der mindestens erzielt werden muß, um alle Ausgaben zu decken.

Der Sicherheitskoeffizient errechnet sich aus:

$$S = \frac{U - U_{BEP}}{U} = \frac{4.500.000 - 4.095.000}{4.500.000} = 9\,\%$$

Der Sicherheitskoeffizient beträgt 9 %, d. h. der Umsatz der Diabetic Instruments GmbH darf um höchstens 9 % sinken, wenn ein Verlust vermieden werden soll.

b) Das Ergebnis der gewöhnlichen Geschäftstätigkeit würde bei Anwendung der Vollkostenrechnung ungünstiger (u. U. auch negativ) ausfallen. Ursache ist die unterschiedliche Bewertung des Vorratsvermögens – und damit auch der Bestandsveränderungen – bei Voll- und Teilkostenrechnung. In der Vollkostenrechnung erfolgt die Bewertung der unfertigen und fertigen Erzeugnisse zu den vollen aktivierungsfähigen Herstellungskosten (Einzel- und Gemeinkosten) und liegt damit über dem Ansatz in der Teilkostenrechnung (nur Einzelkosten). Die Differenz zwischen Teil- und Vollkostenrechnung wird bei Anwendung der Teilkostenrechnung bereits in der Produktionsperiode als Aufwand berücksichtigt. Der Bestandsabbau an fertigen Erzeugnissen würde also bei einer Vollkostenrechnung mit höheren Herstellungskosten des Umsatzes in die Erfolgsrechnung eingehen als bei einer Teilkostenrechnung und so das Ergebnis der Periode in dem der Bestandsabbau stattfindet stärker belasten.

Um eine Break-even-Analyse auf Basis einer Vollkosten-GuV durchführen zu können, müßte auf Informationen des Anhangs zurückgegriffen werden, um zumindest näherungsweise eine Trennung von fixen und variablen Kosten vornehmen zu können. Mangels anderer Informationen wird i. d. R. der Materialaufwand als variabel und alle übrigen Aufwendungen als fix angenommen. Unter diesen Prämissen erhält man z. B. für die Berechnung des Break-even-Umsatzes folgende Formel:

$$U_{BEP} = \frac{K - \text{Materialaufwand}}{1 - \dfrac{\text{Materialaufwand}}{U}} = \frac{K_f}{1 - \dfrac{\text{Materialaufwand}}{U}}$$

Fallstudie: Precision Company

Die Precision Company überlegt, ob sie ihre interne Erfolgsrechnung, die auf Basis einer Normalbeschäftigung erstellt wird, von einer Voll- auf eine Teilkostenrechnung umstellen soll. Für die Monate September und Oktober ergäben sich dabei folgende Werte (in DM):

ERFOLGSRECHNUNG	nach Voll- kostenrechnung		nach Teil- kostenrechnung	
	zum 30.9.	zum 31.10.	zum 30.9.	zum 31.10.
Umsatz	283.028	336.903	283.028	336.903
Standard-Herstellkosten des Umsatzes	152.604	178.168	104.662	123.133
Bruttogewinn	130.424	158.735	178.366	213.770
minus Verbrauchsabweichungen:				
Lohnkostenabweichungen	–5.426	–4.321	–5.426	–4.321
Materialkostenabweichungen	5.081	3.972	5.081	3.972
minus Gemeinkosten:				
Beschäftigungsabweichung	–447	26.870	–	–
Preisabweichung	2.173	1.347	2.173	1.347
Fixe Gemeinkosten	–	–	65.862	65.862
Zwischensumme Gemeinkosten und Abweichungen	1.381	27.868	67.690	66.860
Gewinn vor Vertriebs- und Verwaltungskosten	129.043	130.867	110.676	146.910
Vertriebskosten	85.482	94.945	85.482	94.945
Verwaltungskosten	26.026	26.519	26.026	26.519
Betriebsgewinn	17.535	9.403	–832	25.446
Sonstige Aufwendungen	14.026	14.418	14.026	14.418
Ergebnis des lfd. Monats	3.509	–5.015	–14.858	11.028

Für die Bilanz ergäben sich folgende Werte (in DM):

BILANZ	nach Voll-kostenrechnung		nach Teil-kostenrechnung	
	zum 30.9.	zum 31.10.	zum 30.9.	zum 31.10.
AKTIVA				
Umlaufvermögen				
Kasse	80.560	95.553	80.560	95.553
Forderungen	150.428	178.610	150.428	178.610
Vorräte	573.630	521.822	401.541	365.776
Gebäude und Ausstattung	2.120.450	2.108.788	2.120.450	2.108.788
Gesamtaktiva	2.925.068	2.904.773	2.752.979	2.748.727
PASSIVA				
Verbindlichkeiten				
Kurzfristige Verbindlichkeiten	397.480	382.200	397.480	382.200
Hypotheken	560.000	560.000	560.000	560.000
Eigenkapital				
gezeichnetes Kapital	1.000.000	1.000.000	1.000.000	1.000.000
Rücklagen	967.588	962.573	795.499	806.527
Gesamtpassiva	2.925.068	2.904.773	2.752.979	2.748.727

a) Warum ist das Ergebnis im Oktober nach Teilkostenrechnung günstiger als nach Vollkostenrechnung?

b) Wie hoch war die Auslastung im Oktober im Verhältnis zur Normalbeschäftigung?

c) Mit welcher Erfolgsrechnung läßt sich eine Break-even-Analyse durchführen? Welche Werte ergeben sich im Rahmen einer Break-even-Analyse für den Umsatz im Break-even-point und den Sicherheitskoeffizienten?

Lösung zur Fallstudie Precision Company:

a) Die Erfolgsrechnung für den Oktober weist je nach angewandtem Kostenrechnungsverfahren ein unterschiedliches Ergebnis aus. Auf Basis einer Teilkostenrechnung wird ein Reingewinn von 11.028,- DM ausgewiesen, während laut Ergebnis der Vollkostenrechnung die Precision Company einen Verlust von 5.015,- DM erleidet. Die Ursache für die Erfolgsdifferenz zwischen 11.028 und −5.015, also von 16.043,- DM, liegt in der unterschiedlichen Vorratsbewertung.

Die Erfolgsdifferenz in Höhe von 16.043,– DM besteht aus Fixkosten, die durch den Verkauf von Produkten des Lagerbestands von Vermögen in Aufwand umgewandelt wurden. Durch die Bewertung der Lagerbestände zu Vollkosten wurden im September, als auf Lager produziert wurde, Fixkosten zum Teil nicht aufwandswirksam, sondern als Teil der Bestandserhöhung verrechnet und damit auf eine spätere Periode verlagert. Die Abweichung der Produktionsmenge von der Absatzmenge führt im Oktober dazu, daß bei Vollkostenrechnung die Bestandsminderung mit einem höheren Aufwand in die Erfolgsrechnung des Monats Oktober eingehen als bei Teilkostenrechnung, d. h. bei Vollkostenrechnung werden anteilige fixe Kosten aus früheren Perioden verrechnet.

Aus der Bilanz läßt sich die jeweilige Bewertung der Bestandsminderung an Vorräten berechnen:

Vollkostenrechnung: ΔVorräte = 521.822 – 573.630 = –51.808,– DM
Teilkostenrechnung: ΔVorräte = 365.776 – 401.541 = –35.765,– DM

Die Differenz der ΔVorräte ergibt die in der Vollkostenrechnung verrechneten Fixkosten der Bestandsveränderung: –35.765 – (–51.808) = 16.043,– DM und damit genau die zu erklärende Erfolgsdifferenz.

Allgemein läßt sich feststellen, daß bei einem Bestandsaufbau tendenziell die Vollkostenrechnung zu einem höheren Ergebnis kommt als die Teilkostenrechnung, während bei einem Bestandsabbau die Vollkostenrechnung tendenziell ein niedrigeres Ergebnis ausweist als die Teilkostenrechnung.

b) Um den Auslastungsgrad berechnen zu können, benötigt man zunächst die verrechneten Fixkosten der Produktion im Oktober. Man erhält für die Herstellkosten der Produktion:

Vollkostenrechnung:	Standard-Herstellkosten des Umsatzes	178.168,– DM
	– Bestandsminderungen	51.808,– DM
	= Herstellkosten der Produktion	126.360,– DM
Teilkostenrechnung:	Standard-Herstellkosten des Umsatzes	123.133,– DM
	– Bestandsminderungen	35.765,– DM
	= Herstellkosten der Produktion	87.368,– DM

Die verrechneten Fixkosten ergeben sich aus der Differenz der unterschiedlichen Herstellkosten bei Voll- und Teilkostenrechnung:

verrechnete Fixkosten = 126.360 – 87.368 = 38.992,– DM

Der Auslastungsgrad ergibt sich demnach aus:

$$\text{Auslastungsgrad} = \frac{\text{verrechnete Fixkosten}}{\text{fixe Gemeinkosten}} = \frac{38.992}{65.862} \approx 59{,}2\,\%$$

Alternativ wäre auch die direkte Berechnung mit Hilfe der in der Erfolgsrechnung gegebenen Beschäftigungsabweichung möglich gewesen, die dort quasi eine Korrekturfunktion zur fehlerhaften Fixkostenverrechnung bei Unterbeschäftigung übernimmt:

$$\text{Auslastungsgrad} = 1 - \frac{\text{Beschäftigungsabweichung}}{\text{fixe Gemeinkosten}} = 1 - \frac{26.870}{65.862} \approx 59{,}2\,\%$$

c) Mit Hilfe der Erfolgsrechnung auf Teilkostenbasis läßt sich verhältnismäßig einfach eine näherungsweise Break-even-Analyse durchführen.

Der Break-even-Umsatz errechnet sich aus der Formel:

$$U_{BEP} = \frac{K_f}{\dfrac{DB}{U}}$$

mit: DB = Umsatz − Standard-Herstellkosten des Umsatzes (= variable Kosten)
= 336.903 − 123.133 = 213.770,− DM

U = Umsatz = 336.903,− DM

K_f = fixe Gemeinkosten + Vertriebskosten + Verwaltungskosten + sonstige Aufwendungen
= 65.862 + 94.945 + 26.519 + 14.418 = 201.744,− DM

erhält man entsprechend:

$$U_{BEP} = \frac{201.744}{\dfrac{213.770}{336.903}} = 317.950{,}-\text{DM}$$

Der Sicherheitskoeffizient berechnet sich aus:

$$S = \frac{U - U_{BEP}}{U} = \frac{336.903 - 317.950}{336.903} \approx 5{,}63\,\%$$

Demnach darf der im Oktober erzielte Umsatz um bis zu 5,63 % zurückgehen, ohne daß die Verlustzone erreicht wird.

12. Kapitel: Entscheidungsorientierte Kostenbewertung und Programmplanung

Aufgabe 12.1: Programmplanung bei einer Restriktion

Ein Betrieb stellt u. a. zwei Produkte A und B her. Die Grenzkosten pro Stück betragen bei A 24,– DM und bei B 108,– DM. Beide Produkte durchlaufen eine Lackieranlage. Jedes Stück von A wird dort 5 Minuten und jedes Stück von B 12 Minuten bearbeitet. Die Anlage steht nur 180 Stunden im Monat für die Produkte A und B zur Verfügung. In der restlichen Zeit ist sie für die übrige Fertigung belegt. Der Nettoverkaufspreis beträgt 60,– DM pro Stück von A und 150,– DM pro Stück von B.

a) Der Betrieb könnte für den folgenden Monat Aufträge bis zu folgender Höhe bekommen:

   Produkt A   2.000 Stück
   Produkt B   500 Stück

Wegen der Kapazitätsbegrenzung der Lackieranlage ist es nicht möglich, diese Nachfrage auszunutzen. Welche Mengen der beiden Artikel sollen produziert werden? Bei der Lösung dieser Frage ist einmal von den Stückdeckungsbeiträgen und einmal von den inputbezogenen Opportunitätskosten als Entscheidungskriterium auszugehen.

b) Welche Gestalt hat das optimale Produktionsmengendiagramm?

c) Es wird angenommen, daß die unter a) genannte Nachfrage für absehbare Zeit bestehen bleibt. Daher erwägt die Geschäftsleitung, die Kapazität der Lackieranlage auszubauen. Ein solcher Ausbau, der die für A und B verfügbare Kapazität um 30 % erhöhen würde, bringt zusätzliche fixe Kosten (Abschreibungen und Zinsen) von 11.200,– DM im Monat mit sich. Lohnt sich diese Investition?

Lösung zu Aufgabe 12.1:

a) Im vorliegenden Fall geht es um die Lösung einer optimalen Produktionsprogrammplanung mit einer Restriktion bei gegebener Kapazität. Will man nicht den Umweg über ein Gesamtgewinnkalkül wählen, so gilt es allgemeine Kennzahlen der Förderungswürdigkeit heranzuziehen. Im folgenden werden zwei mögliche Ansätze einander gegenübergestellt.

Die für die weiteren Berechnungen benötigten Stück-Deckungsbeiträge errechnen sich aus:

$$d_A = p_A - k_{vA} = 60 - 24 = 36,- \text{ DM}$$
$$d_B = p_B - k_{vB} = 150 - 108 = 42,- \text{ DM}$$

Die Kapazitätsbeanspruchung der Lackieranlage durch die Produkte A und B ergibt sich aus:

$$b_A = \frac{5}{60} = \frac{1}{12} \text{ Std./Stück}$$

$$b_B = \frac{12}{60} = \frac{1}{5} \text{ Std./Stück}$$

(1) Betrachtung anhand der Stückdeckungsbeiträge

Ein zunächst denkbarer Lösungsansatz wäre die Auslastung der Kapazität gemäß der Reihenfolge der (absoluten) Deckungsbeiträge pro Stück.

Damit ergäbe sich die folgende Rangordnung für die Auslastung der Kapazität:

$$d_B > d_A$$

Demnach wäre zunächst Produkt B in voller Höhe (x_B = 500 Stück) herzustellen. Die dafür benötigte Maschinenlaufzeit berechnet sich aus:

$$x_B \times b_B = 500 \times \frac{1}{5} = 100 \text{ Std.}$$

Für A verbleibt somit eine Restkapazität von:

$$180 - 100 = 80 \text{ Std.}$$

Mit dieser fertigt man von Produkt A noch:

$$x_A = \frac{80}{b_A} = 80 \times 12 = 960 \text{ Stück}$$

Mit dem so festgelegten Produktionsprogramm erzielt man folgende Deckungsbeiträge:

Produkt A: $x_A \times d_A = 960 \times 36 = 34.560$,- DM
Produkt B: $x_B \times d_B = 500 \times 42 = 21.000$,- DM
Gesamtdeckungsbeitrag = 34.560 + 21.000 = 55.560,- DM

Man erkennt schnell, daß diese Lösung nicht optimal ist, da beispielsweise bei Fertigung der gesamten Menge von A, was wegen

$$2.000 \times \frac{1}{12} \approx 166{,}67 < 180$$

möglich ist, sich allein daraus ein Deckungsbeitrag von $2.000 \times 36 = 72.000$,- DM ergäbe, der den oben berechneten Gesamtdeckungsbeitrag von 55.560,- DM deutlich übersteigt.

(2) Betrachtung anhand der Deckungsbeiträge je Einheit der Engpaßbelastung (inputbezogene Opportunitätskosten)

Wenn verschiedene Produkte um einen knappen Produktionsfaktor konkurrieren, geht es darum, den betreffenden Faktor für diejenige Verwendungsmöglichkeit i einzusetzen, die je Einheit des Engpaßfaktors das beste Ergebnis bringt. Die Deckungsbeiträge der verschiedenen Produktalternativen sind also auf die Einheit der Engpaßbelastung zu beziehen. Da hier nach der Ergiebigkeit des Inputs (Engpaßfaktor Lackieranlage) gefragt ist, spricht man von sog. inputbezogenen Opportunitätskosten w_i (= Deckungsbeiträge je Einheit der Engpaßbelastung). Diese errechnen sich aus:

$$w_A = \frac{d_A}{b_A} = 36 \times 12 = 432,- \text{ DM/Std.}$$

$$w_B = \frac{d_B}{b_B} = 42 \times 5 = 210,- \text{ DM/Std.}$$

Damit ergäbe sich die folgende Rangordnung für die Auslastung der Kapazität:

$$w_A > w_B$$

Dies bedeutet die volle Produktion von Produkt A (x_A = 2.000 Stück) mit einer dazu benötigten Maschinenlaufzeit von:

$$x_A \times b_A = 2.000 \times \frac{1}{12} \approx 166{,}67 \text{ Std.}$$

und damit eine für die Produktion von B verbleibende Restkapazität von:

$$180 - 166{,}67 = 13{,}33 \text{ Std.}$$

Mit dieser Restkapazität lassen sich noch

$$x_B = \frac{13{,}33}{b_B} = 13{,}33 \times 5 \approx 66 \text{ Stück}$$

von Produkt B fertigen.

Mit dem so festgelegten optimalen Produktionsprogramm erzielt man folgende Deckungsbeiträge:

$$\text{Produkt A: } x_A \times d_A = 2.000 \times 36 = 72.000,- \text{ DM}$$
$$\text{Produkt B: } x_B \times d_B = 66 \times 42 = 2.772,- \text{ DM}$$
$$\text{Gesamtdeckungsbeitrag} = 72.000 + 2.772 = 74.772,- \text{ DM}$$

Zusammenfassend kann man feststellen, daß der Lösungsansatz auf Basis der Stückdeckungsbeiträge nicht zum optimalen Ergebnis führt. Das Gewinnmaximum wird einzig durch eine Betrachtung der inputbezogenen Opportunitätskosten erreicht.

b) Das Produktionsmengendiagramm hat folgende Gestalt:

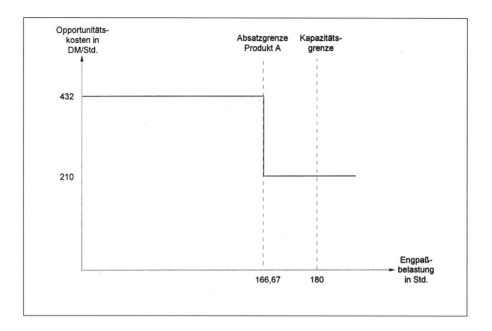

Die Opportunitätskostenkurve gibt die zusätzlichen Deckungsbeiträge an, die bei einer Kapazitätsausweitung entstehen würden (Schattenpreise), solange nicht die Absatzgrenzen (für Produkt A ≤ 2.000 Stück und für Produkt B ≤ 500 Stück) den Wechsel auf ein anderes Produkt bedingen.

c) Die verfügbare Gesamtkapazität erhöht sich durch den Ausbau um:

$$180 \times 0{,}3 = 54 \text{ Std.}$$

Mit dieser zusätzlichen Kapazität fertigt man von Produkt B zusätzlich:

$$\Delta x_B = \frac{54}{b_B} = 54 \times 5 = 270 \text{ Stück}$$

Daraus erzielt man einen zusätzlichen Deckungsbeitrag von:

$$\Delta x_B \times d_B = 270 \times 42 = 11.340{,}- \text{ DM}$$

Diesem Betrag stehen zusätzliche fixe Kosten durch die Investition von 11.200,– DM gegenüber. Insofern ist die Investition unter den gegebenen Rahmenbedingungen vorteilhaft. Bei dieser rein kostenrechnerischen Betrachtung bleibt allerdings der Zinseffekt außer Betracht, der durch eine dynamische Investitionsrechnung zu berücksichtigen ist.

Durch Umrechnung der zusätzlichen Fixkosten je Stunde der knappen Kapazität läßt sich das Ergebnis durch Vergleich mit den entsprechend bezogenen Opportunitätskosten unmittelbar ablesen:

116

zusätzliche Kosten je Stunde < Opportunitätskosten je Stunde

$$\frac{11.200}{54} \approx 207{,}41 \text{ DM} \quad < \quad 210{,}- \text{ DM}$$

Aufgabe 12.2: Programmplanung alternativer Produkte

Ein Unternehmen stellt Kunststoffflaschen her. Dem Controller liegen folgende Informationen vor:

Materialeinzelkosten	8,– DM/Stück
variable Lohnkosten	5,– DM/Stück
Gemeinkosten	
– variabel	2,– DM/Stück
– fix	60.000,– DM/Jahr

a) Welches Produkt ist herzustellen, wenn bei einer Kapazität von 1.500 h pro Jahr alternativ auch Kunststoffkrokodile hergestellt werden könnten, die bei einem Verkaufspreis von 30,– DM und variablen Kosten von 20,– DM einen Kapazitätsbedarf von acht Minuten je Stück benötigen? Der Verkaufspreis der Kunststoffflaschen liegt bei 20,– DM und ihre Produktion benötigt pro Stück drei Minuten.

b) Bei welchem Preis für eine Kunststoffflasche sind beide Produkte gleichwertig?

Lösung zu Aufgabe 12.2:

a) Relativer Deckungsbeitrag bezogen auf knappe Kapazität:

Kunststoffflaschen:
Verkaufspreis p_1	20,– DM
– variable Kosten k_{v1}	15,– DM
= Deckungsbeitrag d_1	5,– DM

$\Rightarrow$ relativer Deckungsbeitrag $w_{11} = \dfrac{d_1}{b_{11}} = \dfrac{5}{3} \approx 1{,}67$ DM/min

Krokodile:
Verkaufspreis p_2	30,– DM
– variable Kosten k_{v2}	20,– DM
= Deckungsbeitrag d_2	10,– DM

$\Rightarrow$ relativer Deckungsbeitrag $w_{12} = \dfrac{d_2}{b_{12}} = \dfrac{10}{8} = 1{,}25$ DM/min

Der Vergleich der relativen Deckungsbeiträge pro Engpaßeinheit (1,67 > 1,25) führt zu der Entscheidung, Kunststoffflaschen herzustellen.

b) Indifferenz zwischen den beiden Produkten würde dann bestehen, wenn die relativen Deckungsbeiträge gleich sind:

$$w_{11} = w_{12} \Rightarrow \frac{d_1}{3} = \frac{5}{4} \Rightarrow d_1 = \frac{15}{4} = 3{,}75 \text{ DM}$$

Der Deckungsbeitrag d_1 der Kunststoffflaschen müßte 3,75 DM und der Preis p_1 dementsprechend 15 + 3,75 = 18,75 DM betragen.

Aufgabe 12.3: Deckungsbeiträge und Restriktionen

Die Netz & Smash GmbH, Büttgen, hat in ihrem Produktionsprogramm zwei Produkte: den Tennisschuh »Boris« und den Tennisschuh »Michael«. Der Verkaufspreis für ein Paar »Boris« beträgt 150,– DM, für ein Paar »Michael« 200,– DM. Die variablen Kosten für ein Paar »Boris« belaufen sich auf 75,– DM, für ein Paar »Michael« auf 125,– DM. Die fixen Kosten betragen pro Periode 3.750.000,– DM.

In Büttgen werden beide Schuhe nur noch durch zwei Maschinen bearbeitet. Die erste Maschine druckt den jeweiligen Namen auf die Schuhe, die zweite Maschine verpackt die Schuhe. Beide Modelle werden ohne Namensschriftzug und Verpackung aus Taiwan zugekauft. Beide Maschinen haben jeweils eine Kapazität von 100.000 Minuten/Periode. Pro Paar werden an jeder Maschine jeweils zwei Minuten verbraucht (unabhängig von der Schuhart, Rüstzeiten sind nicht zu berücksichtigen). In einer Periode sind von Modell »Boris« 30.000 Paar und von Modell »Michael« 20.000 Paar absetzbar. Eine Lagerhaltung ist aufgrund der beschränkten Platzverhältnisse nicht möglich.

a) Wie lautet der optimale Produktionsplan? (Anmerkung: Ein lineares Programm ist zur Lösung nicht notwendig!)

b) Wie hoch ist das Periodenergebnis?

Lösung zu Aufgabe 12.3:

a) Zunächst ist zu prüfen, ob eine Kapazitätsbeschränkung vorliegt. Zur Produktion der maximal absetzbaren Produktionsmenge benötigt man auf beiden Maschinen die folgende Kapazität:

$$30.000 \times 2 + 20.000 \times 2 = 100.000 \text{ min}$$

Dies entspricht genau der verfügbaren Kapazität von 100.000 min je Maschine. Es liegt somit kein Engpaß vor. Insofern ist eine relative Deckungsbeitragsrechnung unnötig.

Die Deckungsbeiträge der beiden Modelle ergeben sich aus:

$$\begin{aligned} d_{\text{Boris}} &= 150 - 75 = 75{,}- \text{ DM} \\ d_{\text{Michael}} &= 200 - 125 = 75{,}- \text{ DM} \end{aligned}$$

Da beide Deckungsbeiträge positiv sind, ist es also im Hinblick auf die Gewinnmaximierung zweckmäßig, die maximal in der Periode absetzbare Menge zu produzieren. Der optimale Produktionsplan ist demnach also 30.000 Paar »Boris« und 20.000 Paar »Michael«.

b) Das Periodenergebnis bei optimalen Produktionsmengen ergibt sich aus:

$$x_{Boris} \times d_{Boris} + x_{Michael} \times d_{Michael} - K_F = 30.000 \times 75 + 20.000 \times 75 - 3.750.000 = 0,- \text{DM}$$

Aufgabe 12.4: Programmplanung bei mehreren Restriktionen

Auf einer Gemüseplantage steht man vor der Entscheidung, welche Anteile der zur Verfügung stehenden Anbaufläche von 30 Hektar mit Feldsalat bzw. Kopfsalat kultiviert werden sollen. Aufgrund internationaler Handelsabkommen ist die maximale Anbaufläche für Feldsalat auf 16 Hektar beschränkt. Bezogen auf einen Hektar entstehen bei Anbau von Feldsalat variable Kosten in Höhe von 15.000,– DM und bei Anbau von Kopfsalat in Höhe von 12.000,– DM. Zur Deckung dieser Kosten steht ein Kapital von 390.000,– DM zur Verfügung. Für die Ernte eines Hektars läßt sich bei Feldsalat ein Preis von 27.000,– DM, bei Kopfsalat von 20.000,– DM erzielen.

a) Welche Gleichungen beschreiben das zu optimierende Simultanmodell, wenn der Deckungsbeitrag maximiert werden soll?

b) Welche Gestalt hat die grafische Darstellung des Optimierungsproblems?

c) Wie lautet der optimale Anbauplan und der erzielbare Deckungsbeitrag, der sich bei Anwendung der Simplexmethode ergibt?

Lösung zu Aufgabe 12.4:

a) Zielfunktion:

$$12 x_1 + 8 x_2 \to \max$$

Nebenbedingungen:

$$\begin{aligned} B_1: &\quad x_1 + x_2 \leq 30 \\ B_2: &\quad x_1 \leq 16 \\ B_3: &\quad 15 x_1 + 12 x_2 \leq 390 \\ &\quad x_1, x_2 \geq 0 \end{aligned}$$

mit: x_1 = Anbaufläche für Feldsalat (in ha)
x_2 = Anbaufläche für Kopfsalat (in ha)

b) Grafische Lösung:

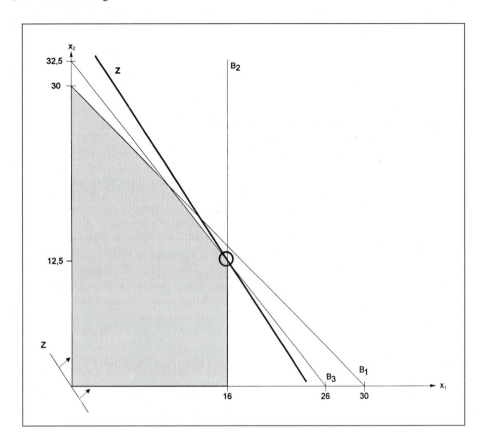

c) Numerische Lösung:

	x_1	x_2	s_1	s_2	s_3	
s_1	1	1	1	0	0	30
s_2	1*	0	0	1	0	16
s_3	15	12	0	0	1	390
G	−12	−8	0	0	0	0
s_1	0	1	1	−1	0	14
x_1	1	0	0	1	0	16
s_3	0	12*	0	−15	1	150
G	0	−8	0	12	0	192
s_1	0	0	1	$\frac{1}{4}$	$-\frac{1}{12}$	$\frac{3}{2}$
x_1	1	0	0	1	0	16
x_2	0	1	0	$-\frac{3}{4}$	$\frac{1}{12}$	$\frac{25}{2}$
G	0	0	0	2	$\frac{2}{3}$	292

Damit erhält man die optimale Aufteilung der Anbaufläche:

x_1 = 16   ha Feldsalat
x_2 = 12,5 ha Kopfsalat

Mit diesem Anbauplan läßt sich ein Deckungsbeitrag von 292.000,– DM erzielen.

Fallstudie: Red Brand Konserven

Mitte September bat Mitchell Gordon, der stellvertretende Vorsitzende des Unternehmens, den Leiter des Rechnungswesens, den Verkaufsleiter und den Produktionsleiter zu sich, um mit ihnen die Produktionsmenge an Tomaten für die kommende Saison festzulegen. Die Ernte war bereits gekauft worden, als die Früchte angepflanzt wurden. Am kommenden Montag sollten die ersten Tomaten in der Konservenfabrik ankommen, so daß mit der Abfüllung der Konserven begonnen werden konnte. Die Konservenfabrik Red Brand war ein mittelgroßes Unternehmen, das verschiedene Früchte und Gemüsearten in Konserven verpackte und in den westlichen Staaten vertrieb.

William Cooper, der Leiter des Rechnungswesens und Charles Myers, der Verkaufsleiter, waren zuerst in Gordons Büro. Dan Tucker, der Produktionsleiter kam einige Minuten später und berichtete über die letzte Produktionskontrolle, die zur Bestimmung der Qualität der Tomatenernte herangezogen werden mußte. Danach wird ca. 20 % der 3.000.000 Pfund Ernte die Qualitätsstufe »A« erreichen. Der Rest der Ernte wird in die Qualitätsstufe »B« eingestuft.

Gordon erkundigte sich bei Myers nach den Absatzchancen für Tomaten im kommenden Jahr. Myers meinte, man soll alle Konserven mit ganzen Tomaten verkaufen, die hergestellt werden könnten. Der erwartete Absatz an Tomatensaft und Tomatenmark sei dagegen begrenzt. Der Verkaufsleiter reichte dann seine letzte Nachfrageprognose herum, die in Anlage 1 dargestellt ist. Dazu sagte er der Gruppe, daß die Verkaufspreise in Anlehnung an die langfristige Marketing-Strategie der Unternehmung gesetzt wurden. Die voraussichtlichen Umsätze wurden auf der Basis dieser Preise vorhergesagt.

Nachdem Bill Cooper die Nachfrageschätzungen von Myers durchgesehen hatte, meinte er, das Geschäft mit den ganzen Tomaten sei für die Firma recht gut in diesem Jahr. Mit dem neu eingeführten Rechnungssystem sei er in der Lage, den Deckungsbeitrag für jedes Produkt zu bestimmen. Nach seiner Analyse sei der Grenzgewinn für ganze Tomaten größer als für jedes andere Tomatenprodukt. Cooper hatte im Mai, nachdem Red Brand die Verträge mit den Plantagenbesitzern über den Ankauf der Ernte zu einem durchschnittlichen Lieferpreis von 6 Cent je Pfund unterzeichnet hatte, den Deckungsbeitrag für Tomatenprodukte ausgerechnet (vgl. Anlage 2).

Dan Tucker warf ein, daß man berücksichtigen müsse, daß es trotz der reichlichen Ernte unmöglich sei, die geschätzte Nachfrage an ganzen Tomaten zu erfüllen, denn der Anteil von Tomaten der Qualität A an der Gesamternte sei zu gering. Red Brand benutzte eine Werteskala zur Bestimmung der Qualität sowohl für die Rohprodukte als auch für die verarbeiteten Produkte. Diese Skala reichte von 0 bis 10. Je höher der Wert war, um so besser war die Qualität. Nach dieser Skala erreichen A-Tomaten durchschnittlich 9 Punkte pro Pfund und B-Tomaten durchschnittlich 5 Punkte pro Pfund. Die minimale durchschnittliche Input-Qualität für die Konserven mit ganzen Tomaten beträgt 8 und für Tomatensaft 6 Punkte pro Pfund. Tomatenmark konnte vollständig aus B-Tomaten hergestellt werden. Dies bedeute, daß die Produktion für ganze Tomaten auf 800.000 Pfund beschränkt sei.

Dazu meinte Gordon, daß diese Beschränkung nicht so wichtig sei. Ihm sei angeboten worden, 80.000 Pfund A-Tomaten für 8,5 Cent je Pfund nachzukaufen; jedoch habe er damals abgelehnt. Nach seiner Meinung seien die Tomaten aber immer noch zu bekommen. Myers hatte ebenfalls einige Berechnungen durchgeführt. Nach seiner Meinung würde die Gesellschaft mit Tomaten in diesem Jahr ein gutes Geschäft machen, jedoch nicht mit Konserven mit ganzen Tomaten. Nach seiner Meinung müßten die Kosten für Tomaten sowohl auf der Basis der Qualität als auch der Menge aufgeteilt werden, und nicht, wie Cooper es gemacht hat, nur auf Basis der Menge. Daher habe er den Gewinn je Pfund Tomaten auf dieser Basis neu bestimmt (vgl. Anlage 3). Sein Ergebnis sei: 2.000.000 Pfund der B-Tomaten sollen für Tomatenmark verwendet werden, die verbleibenden 400.000 Pfund der B-Tomaten und alle A-Tomaten sollten zu Saft verarbeitet werden. Falls die erwarteten Absatzmengen realisiert werden könnten, so erbrächte die Tomatenernte in diesem Jahr einen Deckungsbeitrag von 48.000,– $.

a) Welchen Charakter weisen die Kosten für die Ernte an Tomaten hinsichtlich ihrer Beschäftigungsabhängigkeit auf?

b) Welcher Preis pro Pfund ergibt sich für die B-Tomaten der Ernte unter der Annahme, daß 8,5 Cent der tatsächliche Marktpreis für A-Tomaten ist?

c) Welche Produktionskoeffizienten (Pfund pro Karton) ergeben sich für die Produkte ganze Tomaten, Tomatensaft und Tomatenmark?

d) Welcher Deckungsbeitrag bzw. Bruttogewinn ergibt sich für die einzelnen Tomatenerzeugnisse?

e) Wie lautet der optimale Produktionsplan für Tomatenerzeugnisse unter der Zielsetzung der Deckungsbeitragsmaximierung ohne Betrachtung der Zukaufsmöglichkeit? Wie hoch ist der Deckungsbeitrag der Produktlinie »Tomatenerzeugnisse«?

f) Wie lautet der optimale Produktionsplan für Tomatenerzeugnisse bzw. der Deckungsbeitrag der Produktlinie »Tomatenerzeugnisse« unter Berücksichtigung der Zukaufsmöglichkeit?

g) Zu welchem Ergebnis kommt die Erfolgsrechnung für das gesamte Unternehmen? Dabei ist von folgenden Annahmen auszugehen:

- Äpfel- und Pfirsichprodukte werden in den angegebenen Höchstmengen abgesetzt.
- Pfirsiche werden nach dem gleichen Modus gekauft wie die Tomaten, d. h. sie stellen bzgl. der Produktgruppe Pfirsicherzeugnisse Fixkosten dar.
- Die Verwaltungskosten sind auf Grundlage der Absatzhöchstmengen bestimmt, d. h. die gesamten Verwaltungskosten ergeben sich aus dem Anteil, der in Anlage 2 angegeben ist, mal der jeweiligen Höchstmenge.

Anlage 1: Prognose über die Nachfrage

Produkt	Verkaufspreis pro Karton (in $)	geschätzte Nachfrage (Kartons)
Dosen mit ganzen Tomaten	4,00	45.000
Dosen mit halben Pfirsichen	5,40	10.000
Dosen mit Pfirsichsaft	4,60	5.000
Dosen mit Tomatensaft	4,50	50.000
Dosen mit Apfelmus	4,90	15.000
Dosen mit Tomatenmark	3,80	80.000

Anlage 2: Analyse der Gewinnträchtigkeit der Produkte

Produkt	ganze Tomaten	halbe Pfirsiche	Pfirsich-saft	Tomaten-saft	Apfelmus	Tomaten-mark
Verkaufspreis	4,00	5,40	4,60	4,50	4,90	3,80
Variable Kosten						
Direkte Arbeit	1,18	1,40	1,27	1,32	0,70	0,54
Variable Gemeinkosten	0,24	0,32	0,23	0,36	0,22	0,26
Variable Vertriebskosten	0,40	0,30	0,40	0,85	0,28	0,38
Verpackungsmaterial	0,70	0,56	0,60	0,65	0,70	0,77
Fruchtanteil[1]	1,08	1,80	1,70	1,20	1,90	1,50
– gesamte variable Kosten	3,60	4,38	4,20	4,38	3,80	3,45
= Deckungsbeitrag	0,40	1,02	0,40	0,12	1,10	0,35
– anteilige fixe Gemeinkosten	0,28	0,70	0,52	0,21	0,75	0,23
= Nettogewinn	0,12	0,32	–0,12	–0,09	0,35	0,12

---

[1] Der Gesamtverbrauch an Früchten pro Karton beträgt:

Produkt	Pfund
ganze Tomaten	18
halbe Pfirsiche	18
Pfirsichsaft	17
Tomatensaft	20
Apfelmus	27
Tomatenmark	25

Anlage 3: Grenzbetrachtung für die Tomatenprodukte

Z = Kosten pro Pfund für Tomaten der Qualität »A« in Cents
Y = Kosten pro Pfund für Tomaten der Qualität »B« in Cents

(1) $600.000 \times Z + 2.400.000 \times Y = 3.000.000 \times 6$

(2) $\dfrac{Z}{9} = \dfrac{Y}{5}$

$\Rightarrow$ Z ≈ 9,31 Cents/Pfund
Y ≈ 5,17 Cents/Pfund

Produkt	ganze Tomaten	Tomatensaft	Tomatenmark
Verkaufspreis – Variable Kosten (ohne Kosten für Früchte)	4,00 2,52	4,50 3,18	3,80 1,95
= DB I – Kosten für die Tomaten	1,48 1,49	1,32 1,24	1,85 1,30
= Grenzgewinn	–0,01	0,08	0,55

Lösung zur Fallstudie Red Brand Konserven:

a) Da die Ernte an Tomaten unabhängig von der Verwendung gekauft wurde, sind die Kosten für die Tomaten als Fixkosten anzusehen, auch wenn ein mengenmäßiger Verbrauch den drei Produkten direkt zurechenbar ist. Dabei ist es belanglos, ob die Tomaten zu einem Durchschnittspreis oder ob A-Tomaten und B-Tomaten unterschiedliche Preise haben. Eine Aufteilung der Kosten für Tomaten ist falsch. Die Kosten

$$3.000.000 \times 0,06 = 180.000 \ \$$$

müssen der Produktlinie »Tomatenerzeugnisse« insgesamt zugerechnet werden.

b) Für eine Kontrolle zur Prüfung des Angebotspreises bzw. der Produktpalette für Tomatenerzeugnisse ist eine Stückrechnung eventuell sinnvoll. Nimmt man an, daß 8,5 Cent der tatsächliche Marktpreis für A-Tomaten ist, so läßt sich aus dem Durchschnittspreis von 6 Cent der Preis für B-Tomaten ermitteln:

$$\begin{array}{rl} & 3.000.000 \text{ Pfund zu } 6,0 \text{ Cent} = 180.000 \ \$ \\ - & 600.000 \text{ Pfund zu } 8,5 \text{ Cent} = 51.000 \ \$ \\ \hline = & 2.400.000 \text{ Pfund zu X Cent} = 129.000 \ \$ \end{array}$$

Das ergibt für B-Tomaten eine Preis von 5,375 Cent.

c) Ganze Tomaten:

$$\begin{aligned} \alpha \times 9 + (1-\alpha) \times 5 &= 8 \\ \Leftrightarrow \quad \alpha \times 4 + 5 &= 8 \\ \Leftrightarrow \quad \alpha &= 0,75 \end{aligned}$$

Das heißt ganze Tomaten setzen sich aus 75 % A-Tomaten und 25 % B-Tomaten zusammen.

Da für einen Karton ganze Tomaten 18 Pfund nötig sind, entfällt je Karton:

$$\begin{aligned} 0,75 \times 18 &= 13,5 \text{ Pfund A-Tomaten} \\ 0,25 \times 18 &= 4,5 \text{ Pfund B-Tomaten} \end{aligned}$$

Tomatensaft:

$$\begin{aligned} \alpha \times 9 + (1-\alpha) \times 5 &= 6 \\ \Leftrightarrow \quad \alpha &= 0,25 \end{aligned}$$

Je Karton benötigt man 20 Pfund Tomaten, d. h.:

$$\begin{aligned} 0,25 \times 20 &= 5 \text{ Pfund A-Tomaten} \\ 0,75 \times 20 &= 15 \text{ Pfund B-Tomaten} \end{aligned}$$

Tomatenmark:

Tomatenmark kann vollständig aus B-Tomaten hergestellt werden.

Insgesamt erhält man folgende Matrix der Produktionskoeffizienten (Pfund pro Karton):

Produkt	A-Tomaten	B-Tomaten
ganze Tomaten	13,5	4,5
Tomatensaft	5	15
Tomatenmark	–	25

d) Erfolgsanalyse der einzelnen Produkte:

	ganze Tomaten	Tomatensaft	Tomatenmark
Verkaufspreis	4,00	4,50	3,80
– variable Kosten	2,52	3,18	1,95
= Deckungsbeitrag	1,48	1,32	1,85
Kosten A-Tomaten	1,15[2]	0,42	–
Kosten B-Tomaten	0,24[3]	0,81	1,34
= Materialkosten	1,39	1,23	1,34
= Bruttogewinn	0,09	0,09	0,51

e) Ohne Betrachtung der Zukaufsmöglichkeit ist folgendes lineares Programm zu lösen:

$$1,48\, x_1 + 1,32\, x_2 + 1,85\, x_3 \to \max$$
$$13,5\, x_1 + 5\, x_2 \leq 600.000$$
$$4,5\, x_1 + 15\, x_2 + 25\, x_3 \leq 2.400.000$$
$$x_1 \leq 45.000$$
$$x_2 \leq 50.000$$
$$x_3 \leq 80.000$$
$$x_1, x_2, x_3 \geq 0$$

mit: x_1 = Kartons ganze Tomaten
 x_2 = Kartons Tomatensaft
 x_3 = Kartons Tomatenmark

---

[2] 13,5 Pfund × 8,5 Cent/Pfund
[3] 4,5 Pfund × 5,375 Cent/Pfund

Man erhält damit das folgende Starttableau für das Simplexverfahren:

	x_1	x_2	x_3	u_1	u_2	u_3	u_4	u_5	
u_1	13,5	5	0	1	0	0	0	0	600.000
u_2	4,5	15	25	0	1	0	0	0	2.400.000
u_3	1	0	0	0	0	1	0	0	45.000
u_4	0	1	0	0	0	0	1	0	50.000
u_5	0	0	1*	0	0	0	0	1	80.000
G	$-\frac{37}{25}$	$-\frac{33}{25}$	$-\frac{37}{20}$	0	0	0	0	0	0

(Dezimalzahlen wurden in Brüche umgeformt: $1{,}48 = \frac{37}{25}$; $1{,}32 = \frac{33}{25}$; $1{,}85 = \frac{37}{20}$)

Man erhält schrittweise folgende Tableaus:

	x_1	x_2	x_3	u_1	u_2	u_3	u_4	u_5	
u_1	13,5*	5	0	1	0	0	0	0	600.000
u_2	4,5	15	0	0	1	0	0	−25	400.000
u_3	1	0	0	0	0	1	0	0	45.000
u_4	0	1	0	0	0	0	1	0	50.000
x_3	0	0	1	0	0	0	0	1	80.000
G	$-\dfrac{37}{25}$	$-\dfrac{33}{25}$	0	0	0	0	0	$\dfrac{37}{20}$	148.000
x_1	1	$\dfrac{10}{27}$	0	$\dfrac{2}{27}$	0	0	0	0	$\dfrac{400.000}{9}$
u_2	0	$\dfrac{40^*}{3}$	0	$-\dfrac{1}{3}$	1	0	0	−25	200.000
u_3	0	$-\dfrac{10}{27}$	0	$-\dfrac{2}{27}$	0	1	0	0	$\dfrac{5.000}{9}$
u_4	0	1	0	0	0	0	1	0	50.000
x_3	0	0	1	0	0	0	0	1	80.000
G	0	$-\dfrac{521}{675}$	0	$\dfrac{74}{675}$	0	0	0	$\dfrac{37}{20}$	$\dfrac{1.924.000}{9}$
x_1	1	0	0	$\dfrac{1}{12}$	$-\dfrac{1}{36}$	0	0	$\dfrac{25}{36}$	$\dfrac{350.000}{9}$
x_2	0	1	0	$-\dfrac{1}{40}$	$\dfrac{3}{40}$	0	0	$-\dfrac{15}{8}$	15.000
u_3	0	0	0	$-\dfrac{1}{12}$	$\dfrac{1}{36}$	1	0	$-\dfrac{25}{36}$	$\dfrac{55.000}{9}$
u_4	0	0	0	$\dfrac{1}{40}$	$-\dfrac{3}{40}$	0	1	$\dfrac{15}{8}$	35.000
x_3	0	0	1	0	0	0	0	1	80.000
G	0	0	0	$\dfrac{271}{3000}$	$\dfrac{521}{9000}$	0	0	$\dfrac{29}{72}$	$\dfrac{2.028.200}{9}$

Die optimale Lösung lautet damit:

$$x_1 = \frac{350.000}{9} \approx 38.888 \text{ Kartons}^4$$

$$x_2 = 15.000 \text{ Kartons}$$

$$x_3 = 80.000 \text{ Kartons}$$

DB	225.354,24 $
– Kosten für Tomaten	180.000,00 $
= DB II (Produktlinie Tomaten)	45.354,24 $

f) Unter Berücksichtigung der Zukaufsmöglichkeit von 80.000 Pfund A-Tomaten ändert sich das Programm in folgender Weise ab:

$$1,48\, x_1 + 1,32\, x_2 + 1,85\, x_3 \rightarrow \max$$
$$13,5\, x_1 + 5\, x_2 \leq 680.000$$
$$4,5\, x_1 + 15\, x_2 + 25\, x_3 \leq 2.400.000$$
$$x_1 \leq 45.000$$
$$x_2 \leq 50.000$$
$$x_3 \leq 80.000$$
$$x_1, x_2, x_3 \geq 0$$

Das zugehörige Starttableau hat folgende Form:

	x_1	x_2	x_3	u_1	u_2	u_3	u_4	u_5	
u_1	13,5	5	0	1	0	0	0	0	680.000
u_2	4,5	15	25	0	1	0	0	0	2.400.000
u_3	1	0	0	0	0	1	0	0	45.000
u_4	0	1	0	0	0	0	1	0	50.000
u_5	0	0	1*	0	0	0	0	1	80.000
G	$-\frac{37}{25}$	$-\frac{33}{25}$	$-\frac{37}{20}$	0	0	0	0	0	0

---

[4] Natürlich können nur 38.888 vollständig gefüllte Kartons x_1 (ganze Tomaten) gefertigt werden. Durch die Aufgabe von 0,89 Kartons von x_1 können aber weder zusätzliche Kartons von x_2 (Tomatensaft) noch von x_3 (Tomatenmark) gefertigt werden.

Man erhält schrittweise folgende Tableaus:

	x_1	x_2	x_3	u_1	u_2	u_3	u_4	u_5	
u_1	13,5	5	0	1	0	0	0	0	680.000
u_2	4,5	15	0	0	1	0	0	−25	400.000
u_3	1*	0	0	0	0	1	0	0	45.000
u_4	0	1	0	0	0	0	1	0	50.000
x_3	0	0	1	0	0	0	0	1	80.000
G	$-\frac{37}{25}$	$-\frac{33}{25}$	0	0	0	0	0	$\frac{37}{20}$	148.000
u_1	0	5	0	1	0	−13,5	0	0	72.500
u_2	0	15*	0	0	1	−4,5	0	−25	197.500
x_1	1	0	0	0	0	1	0	0	45.000
u_4	0	1	0	0	0	0	1	0	50.000
x_3	0	0	1	0	0	0	0	1	80.000
G	0	$-\frac{33}{25}$	0	0	0	$\frac{37}{25}$	0	$\frac{37}{20}$	214.600
u_1	0	0	0	1	$-\frac{1}{3}$	−12	0	$\frac{25^*}{3}$	$\frac{20.000}{3}$
x_2	0	1	0	0	$\frac{1}{15}$	$-\frac{3}{10}$	0	$-\frac{5}{3}$	$\frac{39.500}{3}$
x_1	1	0	0	0	0	1	0	0	45.000
u_4	0	0	0	0	$-\frac{1}{15}$	$\frac{3}{10}$	1	$\frac{5}{3}$	$\frac{110.500}{3}$
x_3	0	0	1	0	0	0	0	1	80.000
G	0	0	0	0	$\frac{11}{125}$	$\frac{271}{250}$	0	$-\frac{7}{20}$	231.980
u_5	0	0	0	$\frac{3}{25}$	$-\frac{1}{25}$	$-\frac{36}{25}$	0	1	800
x_2	0	1	0	$\frac{1}{5}$	0	$-\frac{27}{10}$	0	0	14.500
x_1	1	0	0	0	0	1	0	0	45.000
u_4	0	0	0	$-\frac{1}{5}$	0	$\frac{27}{10}$	1	0	35.500
x_3	0	0	1	$-\frac{3}{25}$	$\frac{1}{25}$	$\frac{36}{25}$	0	0	79.200
G	0	0	0	$\frac{21}{500}$	$\frac{37}{500}$	$\frac{29}{50}$	0	0	232.260

Die optimale Lösung lautet damit:

x_1	=	45.000 Kartons
x_2	=	14.500 Kartons
x_3	=	79.200 Kartons
DB	=	232.260 $
– Kosten für Tomaten der Ernte		180.000 $
– Kosten für zugekaufte A-Tomaten		6.800 $
= DB II (Produktlinie Tomaten)		45.460 $

Es ergibt sich also gegenüber der Alternative ohne Zukauf eine Steigerung um 105,76 $.

g) Die Erfolgsrechnung für den in f) beschriebenen Fall (Zukauf der 80.000 Pfund A-Tomaten) hat folgendes Aussehen:

Produktlinie	Tomaten			Pfirsiche		Äpfel
Produktart	ganze Tomaten	Tomaten-saft	Tomaten-mark	halbe Pfirsiche	Pfirsich-saft	Apfel-mus
Preis	4	4,50	3,80	5,40	4,60	4,90
Absatzmenge	45.000	14.500	79.200	10.000	5.000	15.000
Umsatz	180.000	65.250	300.960	54.000	23.000	73.500
variable Kosten je Karton ohne Fruchtkosten	2,52	3,18	1,95	2,58	2,50	1,90
– gesamte var. Kosten	113.400	46.110	154.440	25.800	12.500	28.500
= DB I	66.600	19.140	146.520	28.200	10.500	45.000
Σ DB I	232.260			38.700		45.000
– Fruchtkosten	186.800			26.500		28.500
= DB II	45.460			12.200		16.500
Σ DB II	74.160					
– Verwaltungskosten	62.350					
= Nettogewinn	11.810					

Fallstudie: General Paper Company*

Die General Paper Company (GPC) ist ein namhafter Hersteller von Papier- und Kartonprodukten im Osten der USA. Das Hauptwerk Nashua in New Hampshire produziert vornehmlich folgende Erzeugnisse: Die Kartonprodukte Frischhaltekarton und Kartonpappe sowie die Papiererzeugnisse Grobpapier und Buchpapier. Obwohl man schon seit langer Zeit zur Sicherung der Rohstoffbasis über eine Rückwärtsintegration nachdenkt, ist man derzeit nur Weiterverarbeiter in der langen mehrstufigen Produktionskette vom Fällen, Schälen und Zerkleinern eines Baums bis hin zum verkaufsfertigen Papier- und Kartonprodukt.

Durch langfristige Lieferverträge gesichert bezieht man die verschiedenen notwendigen Zellstoffarten und Zusätze, um sie dann teilweise zu bleichen und auf der Karton- bzw. Papiermaschine zu verkaufsfähigen Produkten zu verarbeiten. Der Produktionsprozeß hat demnach folgendes Aussehen:

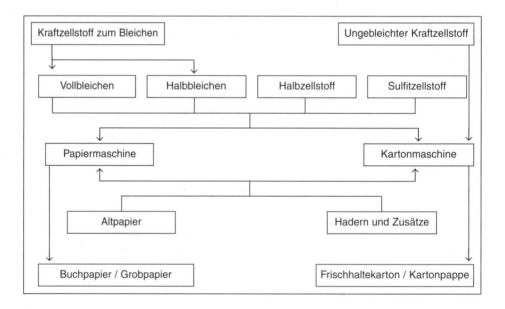

Der Ausbeuteverlust beim Halbbleichen beträgt 7,5 % (Ausbeutegrad = 0,925) und beim Vollbleichen 10 % (Ausbeutegrad = 0,9).

Die Produktionskoeffizienten (t Input je t Output) für die zweite Produktionsstufe (Karton- bzw. Papiermaschine) sind der folgenden Tabelle zu entnehmen:

---

* Überarbeitete Version des USW-Falls Nr. 216–81
 © Universitätsseminar der Wirtschaft. Erarbeitet von Prof. Dr. A. G. Coenenberg und Prof. Dr. H.-G. Baum.

Input \ Output	Frischhalte-karton	Kartonpappe	Buchpapier	Grobpapier
Ungebleichter Kraftzellstoff	–	0,640	–	0,755
Halbgebleichter Kraftzellstoff	0,336	–	0,047	0,055
Vollgebleichter Kraftzellstoff	0,681	0,028	0,467	0,186
Halbzellstoff	–	0,187	0,037	–
Sulfitzellstoff	0,026	–	0,163	0,043
Altpapier	0,039	0,210	0,112	0,034

Für Hadern und Zusätze fallen die nachstehenden Kosten an:

	Frischhalte-karton	Kartonpappe	Buchpapier	Grobpapier
Kosten in $ je t Endprodukt	6,77	2,84	59,86	4,54

Neben der strategischen Frage, das Unternehmen durch eine Erweiterung der Produktionsstufen zu einem vollintegrierten Papierhersteller zu machen, sind es auch einige vornehmlich kurzfristige Marktanpassungsentscheidungen, die der Geschäftsführung der GPC Kopfzerbrechen bereiten.

Von den zur Zeit gefertigten Tonnagen

    Frischhaltekarton 61.500 t
    Kartonpappe 117.800 t
    Buchpapier 25.040 t
    Grobpapier 33.400 t

sind die Produktionsmengen für die Papierprodukte Buchpapier und Grobpapier aufgrund langfristiger Abnahmeverträge fest in das Produktionsprogramm der nächsten Jahre aufgenommen. Darüber hinaus wird eine Ausweitung des Markts nicht für realistisch gehalten.

Die Kartonerzeugnisse Frischhaltekarton und Kartonpappe werden dagegen zum großen Teil auf dem freien Markt abgesetzt, wodurch in der Spitze ständig Schwankungen in der Auslastung der Produktionsanlagen zu verzeichnen sind. Häufig werden kurzfristige Anfragen an das Unternehmen gerichtet, wobei die schnelle Lieferbereitschaft bei diesen Zusatzaufträgen häufig den Ausschlag gibt.

Derzeit hat die Geschäftsführung der GPC wieder über zwei Anfragen von guten Kunden über zusätzliche Mengen Frischhaltekarton und Kartonpappe zu entscheiden. Zum einen bietet sich die Möglichkeit, bis zu 10.000 t Frischhaltekarton zusätzlich zum Marktpreis abzusetzen. Zum anderen ist eine zusätzliche Lieferung bis zu 5.000 t Kartonpappe zum Marktpreis realisierbar.

Man hat bisher derartige Entscheidungen stets ausschließlich unter dem Gesichtspunkt von Kapazitätsüberlegungen getroffen. Allerdings regt sich unter einigen Herren der Geschäftsleitung leichter Zweifel, ob dieses Entscheidungskriterium zu einem maximalen Erfolg führt. Man beschließt, einen Stab mit dieser Frage zu beauftragen.

a) Welche variablen Kosten entstehen jeweils für eine t halb- bzw. vollgebleichten Kraftzellstoff?

b) Welche Kapazitätsbeanspruchung entsteht durch ungebleichten Kraftzellstoff in der Bleicherei je t Output der vier Produkte?

c) Welcher Deckungsbeitrag ergibt sich auf der Produktionsstufe Kartonmaschine für die Produktion einer t Frischhaltekarton bzw. Kartonpappe?

d) Ist eine Lösung des Produktionsproblems auch ohne Aufstellung eines linearen Programms möglich?

e) Wie lautet das lineare Programm zur Berechnung des optimalen Produktionsprogramms, wenn der Deckungsbeitrag für Buchpapier 54,06 $/t und für Grobpapier 35,24 $/t beträgt? (keine Berechnung)

f) Wie lautet das optimale Produktionsprogramm?

Anlage 1: Preise

	Frischhaltekarton	Kartonpappe	Buchpapier	Grobpapier
Marktpreis in $	207	127,50	275	160

Einstandspreise in $/t:
- Ungebleichter Kraftzellstoff   105,77
- Kraftzellstoff zum Bleichen   106,20
- Halbzellstoff   82,92
- Sulfitzellstoff   147,–
- Altpapier   10,–

Anlage 2: Kosten

Kosten der Produktionsstufe in $	Fertigungs-löhne	Energie, Chemikalien etc.	Abschreibungen	Gemeinkosten
»Vollbleichen« je Tonne vollgebleichter Kraftzellstoff	1,70	8,60	1,17	0,58
»Halbbleichen« je Tonne halbgebleichter Kraftzellstoff	1,58	8,46	1,00	0,46
Kartonmaschine je Tonne Frischhaltekarton	4,25[1]	2,62	10,89	5,12
Kartonmaschine je Tonne Kartonpappe	6,06[1]	3,50	1,70	5,50
Papiermaschine je Tonne Buchpapier	36,45[1]	30,69	9,60	18,76
Papiermaschine je Tonne Grobpapier	1,17[1]	1,80	3,41	2,92

Anlage 3: Kapazitäten im Produktionsprozeß

Kapazität der Bleicherei: 88.300 t
    Beanspruchung der Kapazität:

- 0,7 t Kapazität bei 1,0 t halbgebleichtem Kraftzellstoff
- 1,0 t Kapazität bei 1,0 t vollgebleichtem Kraftzellstoff

Kapazität der Kartonmaschine: 162.500 t
    Beanspruchung der Kapazität:

- 1,0 t Kapazität bei 1,0 t Output (Frischhaltekarton)
- 0,8 t Kapazität bei 1,0 t Output (Kartonpappe)

Kapazität der Papiermaschine: 45.000 t
    Beanspruchung der Kapazität:

- 1,0 t Kapazität bei 1,0 t Output (Buchpapier)
- 0,4 t Kapazität bei 1,0 t Output (Grobpapier)

---

[1] Inkl. Fertigbearbeitung und Versand.

Lösung zur Fallstudie General Paper Company:

a)

	Vollbleichen	Halbbleichen	
Kraftzellstoff zum Bleichen	106,20	106,20	Anlage 1
: Bleichausbeute	0,9	0,925	
= Kosten um 1 t Bleichausbeute zu erzielen	118	114,81	
k_v der Produktionsstufe			Anlage 2
+ Fertigungslöhne	1,70	1,58	
+ Energie, Chemikalien etc.	8,60	8,46	
= k_v der Produktion von 1 t Kraftzellstoff	128,30	124,85	

b)

Beanspruchung der Bleicherei durch ungebleichten Kraftzellstoff (Anlage 3)	Frischhaltekarton	Kartonpappe	Buchpapier	Grobpapier
Kraftzellstoff (halbgebleicht)	0,336 × 0,7 ≈ 0,235[2]	–	0,047 × 0,7 ≈ 0,033	0,055 × 0,7 ≈ 0,039
Kraftzellstoff (vollgebleicht)	0,681 × 1,0 = 0,681	0,028 × 1,0 = 0,028	0,467 × 1,0 = 0,467	0,186 × 1,0 = 0,186
Kapazitätstonnen der Bleicherei je t Output	0,916	0,028	0,500	0,225

---

[2] Anlage 3: 0,7 t Kapazität je 1 t Kraftzellstoff, z. B. für Frischhaltekarton: 0,336 × 0,7 = 0,235

c) Deckungsbeitragsrechnung für Produktionsstufe Kartonmaschine (in $/t):

	Frischhaltekarton	Kartonpappe	
Kraftzellstoff (ungebleicht) (Produktionskoeffizient × Einstandspreis)	–	0,640 × 105,77 ≈ 67,69	
Kraftzellstoff (halbgebleicht) (Produktionskoeffizient × k_v Bleicherei)	0,336 × 124,85 ≈ 41,95	–	Lösung a)
Kraftzellstoff (vollgebleicht) Produktionskoeffizient × k_v Bleicherei)	0,681 × 128,30 ≈ 87,37	0,028 × 128,30 ≈ 3,59	Lösung a)
Halbzellstoff (Produktionskoeffizient × Einstandspreis)	–	0,187 × 82,92 ≈ 15,51	Anlage 1
Sulfitzellstoff (Produktionskoeffizient × Einstandspreis)	0,026 × 147,00 ≈ 3,82	–	Anlage 1
Altpapier (Produktionskoeffizient × Einstandspreis)	0,039 × 10,00 = 0,39	0,210 × 10,00 = 2,10	Anlage 1
Hadern und Zusätze	6,77	2,84	
Σ Kosten der Vorproduktionsstufen	140,30	91,73	
k_v der Produktionsstufe für – Fertigungslöhne – Energie, Chemikalien etc.	4,25 2,62	6,06 3,50	Anlage 2
Σ k_v	147,17	101,29	
Marktpreise	207	127,50	Anlage 1
Deckungsbeitrag	59,83	26,21	

d) Bei freien Kapazitäten wären beide Zusatzaufträge attraktiv. Deshalb sind zunächst die zur Verfügung stehenden Kapazitäten zu bestimmen.

– Freie Kapazität der Bleicherei:

```
 61.500 × 0,916      =   56.334,0 t Frischhaltekarton (Lösung b))
117.800 × 0,028      =    3.298,4 t Kartonpappe
 25.040 × 0,500      =   12.520,0 t Buchpapier
 33.400 × 0,225      =    7.515,0 t Grobpapier
                         ─────────
                         79.667,4 t
Kapazität der Bleicherei  88.300,0 t (Anlage 3)
freie Kapazität            8.632,6 t
```

– Freie Kapazität der Kartonmaschine:

$61.500 \times 1{,}0 = 61.500$ t Frischhaltekarton (Anlage 3)
$117.800 \times 0{,}8 = 94.240$ t Kartonpappe
$\phantom{117.800 \times 0{,}8 = } 155.740$ t

Kapazität der Kartonmaschine $ 162.500$ t (Anlage 3)
freie Kapazität $ 6.760$ t

Für die Zusatzaufträge wären folgende Kapazitäten notwendig:

	Bleicherei	Kartonmaschine
Frischhaltekarton	$10.000 \times 0{,}916 = 9.160$ t	$10.000 \times 1{,}0 = 10.000$ t
Kartonpappe	$5.000 \times 0{,}028 = 140$ t	$5.000 \times 0{,}8 = 4.000$ t

Als Ergebnis ist festzustellen, daß die Kapazitäten für die Herstellung beider Zusatzaufträge nicht ausreichen und somit eine engpaßbezogene Betrachtung notwendig ist. Es liegt deshalb zunächst eine Analyse der relativen Deckungsbeiträge nahe.

$$\text{Relativer Deckungsbeitrag} = \frac{\text{Stückdeckungsbeitrag}}{\text{Inanspruchnahme der Engpaßkapazität}}$$

- Engpaß Bleicherei
  – Frischhaltekarton $ 59{,}83 : 0{,}916 \approx 65{,}32$ \$/t
  – Kartonpappe $ 26{,}21 : 0{,}028 \approx 936{,}07$ \$/t

- Engpaß Kartonmaschine
  – Frischhaltekarton $ 59{,}83 : 1{,}0 = 59{,}83$ \$/t
  – Kartonpappe $ 26{,}21 : 0{,}8 \approx 32{,}76$ \$/t

Der relative Deckungsbeitrag beim Engpaß Bleicherei spricht für die Produktion von Kartonpappe, der relative Deckungsbeitrag beim Engpaß Kartonmaschine für eine Forcierung des Frischhaltekartons. Eine abschließende Entscheidung ist auf dieser Basis nicht möglich. Zur optimalen Lösung des Produktionsprogramms ist also die Aufstellung eines linearen Programms unumgänglich.

e) Mit: x_1 = Frischhaltekarton
$ x_2$ = Kartonpappe
$ x_3$ = Buchpapier
$ x_4$ = Grobpapier

ergibt sich folgendes lineares Programm:

<u>Zielfunktion:</u> Deckungsbeitragsmaximierung

$$59{,}83\, x_1 + 26{,}21\, x_2 + 54{,}06\, x_3 + 35{,}24\, x_4 \to \max$$

Nebenbedingungen:

1. Kapazitätsbeschränkungen

    a) Bleicherei $0{,}916\, x_1 + 0{,}028\, x_2 + 0{,}5\, x_3 + 0{,}225\, x_4 \leq 88.300$

    b) Kartonmaschine $1\, x_1 + 0{,}8\, x_2 \leq 162.500$

    c) Papiermaschine $1\, x_3 + 0{,}4\, x_4 \leq 45.000$

2. Absatzbedingungen

    a) Frischhaltekarton $x_1 \leq 71.500$

    b) Kartonpappe $x_2 \leq 122.800$

    c) Buchpapier $x_3 = 25.040$

    d) Grobpapier $x_4 = 33.400$

3. Nichtnegativitätsbedingungen

$$x_1, x_2, x_3, x_4 \geq 0$$

f) Da die Absatzmengen für x_3 bzw. x_4 aufgrund langfristiger Verträge und mangelnder zusätzlicher Absatzmöglichkeiten feststehen (25.040 t bzw. 33.400 t), läßt sich das lineare Programm auf zwei Variablen vereinfachen:

Zielfunktion:

$$59{,}83\, x_1 + 26{,}21\, x_2 + 2.530.678{,}4 \rightarrow \max$$

Nebenbedingungen:

1. Kapazitätsbedingungen

    a) Bleicherei $0{,}916\, x_1 + 0{,}028\, x_2 \leq 68.265$

    b) Kartonmaschine $1\, x_1 + 0{,}8\, x_2 \leq 162.500$

2. Absatzbedingungen

    a) Frischhaltekarton $x_1 \leq 71.500$

    b) Kartonpappe $x_2 \leq 122.800$

3. Nichtnegativitätsbedingungen

$$x_1, x_2 \geq 0$$

Damit ist folgende grafische Lösung möglich:

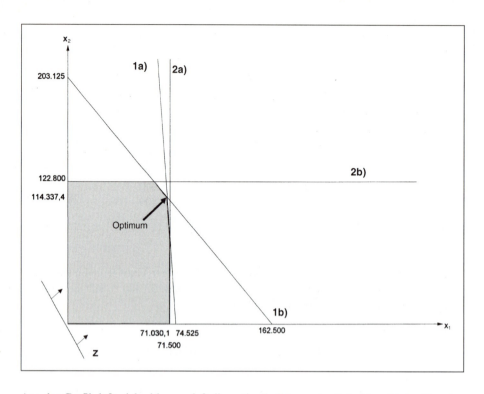

Aus der Grafik läßt sich ablesen, daß die optimale Lösung im Schnittpunkt der Geraden aus den Nebenbedingungen 1a) und 1b) liegt.

Das exakte Ergebnis wird anhand der folgenden Gauß-Tabelle errechnet:

Zeile	x_1	x_2		Operation
I	0,916	0,028	68.265	
II	1	0,8	162.500	
III	0	−0,7048	−80.585	I + (−0,916) × II
IV	1	0,8	162.500	
V	0	1	114.337,4	$-\dfrac{1}{0{,}7048} \times$ III
VI	1	0	71.030,1	IV + (−0,8) × V

Damit lautet der optimale Produktionsmix:

$$x_1 = 71.030,1 \text{ t}$$
$$x_2 = 114.337,4 \text{ t}$$
$$x_3 = 25.040 \text{ t}$$
$$x_4 = 33.400 \text{ t}$$

Mit diesem Mix wird ein Deckungsbeitrag von 9.777.192,5 $ erzielt.

13. Kapitel: Bestimmung von Preisgrenzen

Aufgabe 13.1: Preisuntergrenze für Zusatzauftrag

Die Artifex GmbH produziert und vertreibt Kunstgewerbeartikel. In der Periode P_1 sollen die Produkte A, B und C hergestellt werden. Aufgrund vorausgegangener Marktuntersuchungen und eigener Berechnungen wurde folgende auf Vollbeschäftigung basierende Planung erstellt (bei unverändertem Bestand an Fertigwaren):

	A	B	C
geplante Absatzmenge in Stück	10.000	12.000	15.000
Absatzpreis in DM/Stück	3	5	2
Umsatz in DM	30.000	60.000	30.000
variable Kosten in DM	20.000	36.000	18.000
Erzeugnisfixkosten in DM	6.000	14.000	4.000
Unternehmensfixkosten in DM	6.000		
geplantes Periodenergebnis in DM	16.000		

a) Im Sommer der Periode P_1 zeigt sich, daß die Auftragslage zu optimistisch eingeschätzt wurde. Für das letzte Quartal von P_1 ergäbe sich eine generelle Unterbeschäftigung, da von folgenden Absatzmengen auszugehen ist:

	A	B	C
tatsächliche Absatzmenge in Stück	9.000	7.000	7.500

In dieser Situation bietet ein Großabnehmer kurzfristig einen Auftrag über 3.000 Einheiten von B an. Er ist allerdings nicht bereit, mehr als 3,80 DM/Stück zu zahlen.

Die Mitarbeiter der Rechnungswesen-Abteilung der Artifex GmbH sind mit der Kalkulation des Auftrags betraut. Sollte der Zusatzauftrag zum Preis von 3,80 DM/Stück angenommen werden, wenn mit keinen weiteren Aufträgen zu rechnen ist? Welches Periodenergebnis kann ohne, welches mit dem Zusatzauftrag erreicht werden?

b) Wie wäre zu entscheiden, wenn die ursprüngliche Planung realisiert werden könnte, wobei allerdings ein Engpaß in der Produktion auftaucht?

Alle drei Produkte müssen von einer Stanze bearbeitet werden, deren maximale Produktionskapazität 3.000 Einheiten beträgt. Es sind nur 10 Maschinen dieses Typs vorhanden. Diese Kapazitäten werden durch die Produkte wie folgt beansprucht:

	A	B	C
Engpaßbelastung (Einheiten/Stück)	1	1	0,5

Welcher Mindestpreis ist nun für den Zusatzauftrag über 3.000 Stück von B zu fordern? Welches Periodenergebnis erhält man unter Annahme unveränderter Erzeugnisfixkosten?

Lösung zu Aufgabe 13.1:

a) Im vorliegenden Fall ist die Preisuntergrenze für den Zusatzauftrag zu bestimmen.

1. Schritt: Wird durch den Zusatzauftrag die Kapazität überschritten?
Absatzmenge B_{bisher} + Absatzmenge Zusatzauftrag = 7.000 + 3.000
= 10.000 Stück

Da in der ursprünglichen Planung eine Produktion von 12.000 Stück vorgesehen war, steht für den Zusatzauftrag genügend Kapazität zur Verfügung.

2. Schritt: Preisuntergrenze (PUG) für Zusatzauftrag
Die PUG entspricht bei Unterbeschäftigung den variablen Kosten:

$$PUG = \frac{36.000}{12.000} = 3,- \text{ DM/Stück}$$

Da die PUG unterhalb des Preises von 3,80 DM/Stück liegt, wird der Zusatzauftrag angenommen.

Periodenergebnis ohne Zusatzauftrag:

	A	B	C
Ist-Absatz in Stück	9.000	7.000	7.500
Preis	3	5	2
variable Stückkosten	2	3	1,20
Umsatz	27.000	35.000	15.000
variable Kosten	18.000	21.000	9.000
DB I	9.000	14.000	6.000
Erzeugnisfixkosten	6.000	14.000	4.000
DB II	3.000	0	2.000
Unternehmensfixkosten		6.000	
Periodenergebnis		−1.000	

Periodenergebnis mit Zusatzauftrag:

	A	B		C
Ist-Absatz in Stück	9.000	7.000	3.000	7.500
Preis	3	5	3,80	2
variable Stückkosten	2	3	3	1,20
Umsatz	27.000	35.000	11.400	15.000
variable Kosten	18.000	21.000	9.000	9.000
DB I	9.000	14.000	2.400	6.000
Erzeugnisfixkosten	6.000	14.000		4.000
DB II	3.000	2.400		2.000
Unternehmensfixkosten		6.000		
Periodenergebnis		1.400		

Bei Rechnung mit Vollkosten wäre der Gewinn nicht zustande gekommen, da der Zusatzauftrag nicht angenommen worden wäre.

b) Betrachtung der Kapazitätssituation:

	A	B	Auftrag	C	Σ
Kapazitätsbedarf	10.000	12.000	3.000	7.500	32.500

Der Kapazitätsbedarf überschreitet die zur Verfügung stehende Maximalkapazität von 10 × 3.000 = 30.000 Einheiten.

	A	B	C	Σ
Bisherige Engpaßbelastung	10.000	12.000	7.500	29.500

Das optimale Produktionsprogramm ergibt sich bei Verteilung der Kapazität nach engpaßgewichtetem Deckungsbeitrag I (pro Stück):

	A	B	C
Preis	3	5	2
− variable Stückkosten	2	3	1,20
= DB I	1	2	0,80
: Engpaßbelastung (Einheit/Stück)	1	1	0,50
= DB I pro Engpaßfaktor	1	2	1,60
Rang	3	1	2

Da der Zusatzauftrag 3.000 Einheiten der Engpaßkapazität benötigt, aber nur 500 bereit stehen, muß der Zusatzauftrag mindestens den DB/Stück von Produkt A bringen, um ganz ins Produktionsprogramm aufgenommen zu werden. Produkt A wird dann entsprechend zurückgedrängt.

$$\text{PUG} = \text{variable Kosten} + \frac{\text{verdrängter DB Produkt A}}{\text{Stückzahl Zusatzauftrag}}$$

$$= \text{variable Kosten} + \text{Opportunitätskosten (entgangener Deckungsbeitrag)}$$

Bezeichnet k_{vB} die variablen Stückkosten des Produkts B, w den engpaßbezogenen Deckungsbeitrag des verdrängten Produkts, x_Z die Menge des Zusatzauftrags und b_Z die Kapazitätsbeanspruchung durch den Zusatzauftrag je Einheit, so ergibt sich die Preisuntergrenze für den Zusatzauftrag in Abhängigkeit vom Auftragsvolumen wie folgt:

$$\text{PUG} = \begin{cases} k_{vB} & \text{für } x_Z \leq 500 \\ k_{vB} + w \times b_Z \times \dfrac{x_Z - 500}{x_Z} & \text{für } 500 < x_Z \leq 3.000 \end{cases}$$

somit ergibt sich für den Zusatzauftrag von 3.000 Einheiten:

$$\text{PUG} = 3 + 1 \times 1 \times \frac{3.000 - 500}{3.000} = 3{,}8\overline{3}$$

Kontrollrechnung:

Deckungsbeitrag Zusatzauftrag	$3.000 \times 0{,}8\overline{3} =$	2.500,– DM
Entgangener Deckungsbeitrag Produkt A	$2.500 \times 1{,}00 =$	–2.500,– DM
Differenz		0,– DM

Unter der Annahme des gesamten Zusatzauftrags von 3.000 Einheiten und einem Preis von 3,83 erhält man folgenden Periodenerfolg:

	A	B	Zusatzauftrag	C
Ist-Absatz	7.500	12.000	3.000	15.000
Preis	3	5	$3{,}8\overline{3}$	2
variable Stückkosten	2	3	3	1,20
Umsatz	22.500	60.000	11.500	30.000
variable Kosten	15.000	36.000	9.000	18.000
DB I	7.500	24.000	2.500	12.000
Erzeugnisfixkosten	6.000	14.000		4.000
DB II	1.500	12.500		8.000
Unternehmensfixkosten		6.000		
Periodenergebnis		16.000		

Damit entspricht das Periodenergebnis mit Zusatzauftrag dem geplanten Periodenergebnis ohne Zusatzauftrag. Somit ist die Artifex GmbH – soweit dadurch keine negativen Konsequenzen von den Abnehmern des verdrängten Produkts A zu erwarten sind – ab einem Verkaufspreis von 3,8$\overline{3}$ DM bereit, den Zusatzauftrag anzunehmen.

Aufgabe 13.2: Preisuntergrenze für die Einstellungsentscheidung

Die beiden Fertigungsstellen I und II sind voll mit der Herstellung der Produkte x_1 und x_2 ausgelastet. Die monatliche Kapazität der Fertigungsstelle I beträgt 12.000 Stunden, die der Fertigungsstelle II 6.000 Stunden. Von den Produkten x_1 und x_2, die nicht miteinander in Preis- oder Absatzinterdependenz stehen, könnte mehr abgesetzt werden, als aufgrund der Kapazität der Fertigungsstellen hergestellt werden kann. Es gelten folgende Daten:

Produktart				x_1				x_2	
Preis				16,50 DM				14,75 DM	
Variable Kosten									
Fertigungsstelle I									
Material	1 kg	à	1,– DM	= 1,– DM	1,5 kg	à	1,– DM	= 1,50 DM	
Lohn	2 Std.	à	4,– DM	= 8,– DM	1 Std.	à	4,– DM	= 4,– DM	
Gemeinkosten	2 Std.	à	0,50 DM	= 1,– DM	1 Std.	à	0,50 DM	= 0,50 DM	
Fertigungsstelle II									
Material	1 kg	à	0,50 DM	= 0,50 DM	1,5 kg	à	0,50 DM	= 0,75 DM	
Lohn	0,5 Std.	à	5,– DM	= 2,50 DM	1 Std.	à	5,– DM	= 5,– DM	
Gemeinkosten	0,5 Std.	à	1,– DM	= 0,50 DM	1 Std.	à	1,– DM	= 1,– DM	
Deckungsbeitrag				3,– DM				2,– DM	

a) Welches Produktionsprogramm ermittelt man mit Hilfe der linearen Optimierung, wenn der Deckungsbeitrag maximiert werden soll? Welche grafische Gestalt hat das Optimierungsproblem?

b) Es wird damit gerechnet, daß sich der Preis für x_2 nicht halten läßt. Die Geschäftsleitung interessiert sich für das Preisniveau, ab dem sich die Fertigung von x_2 nicht mehr lohnen würde.

c) Unabhängig von der Frage b) werden dem Unternehmen zwei Zusatzaufträge angeboten, von denen
    ca) Auftrag A die Fertigungsstelle I mit 2.400 und Fertigungsstelle II mit 1.200 Stunden in Anspruch nimmt und 19.800,– DM Grenzkosten verursacht,
    cb) Auftrag B ausschließlich Fertigungsstelle I mit 400 Stunden in Anspruch nimmt und Grenzkosten von 2.200,– DM verursacht.

Wie hoch sind die Preisuntergrenzen für die jeweiligen Zusatzaufträge?

Lösung zu Aufgabe 13.2:

a) Problemformulierung:

$$3 x_1 + 2 x_2 \to \max$$
$$2 x_1 + 1 x_2 \leq 12.000$$
$$0{,}5 x_1 + 1 x_2 \leq 6.000$$
$$x_1, x_2 \geq 0$$

Numerische Lösung:

	x_1	x_2	s_1	s_2		
s_1	2*	1	1	0	12.000	
s_2	$\frac{1}{2}$	1	0	1	6.000	(1)
G	−3	−2	0	0	0	
x_1	1	$\frac{1}{2}$	$\frac{1}{2}$	0	6.000	
s_2	0	$\frac{3^*}{4}$	$-\frac{1}{4}$	1	3.000	(2)
G	0	$-\frac{1}{2}$	$\frac{3}{2}$	0	18.000	
x_1	1	0	$\frac{2}{3}$	$-\frac{2}{3}$	4.000	
x_2	0	1	$-\frac{1}{3}$	$\frac{4}{3}$	4.000	(3)
G	0	0	$\frac{4}{3}$	$\frac{2}{3}$	20.000	

Beim optimalen Produktionsprogramm werden von P_1 und P_2 jeweils 4.000 Stück hergestellt, wobei ein Deckungsbeitrag von 20.000,– DM realisiert wird.

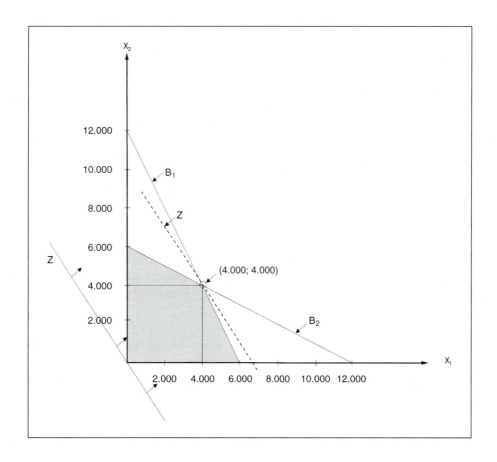

b) Produktion von P_2 lohnt sich dann nicht mehr, wenn nicht mehr Lösung (3), sondern Lösung (2) optimal ist. Der Preisbereich, für den Lösung (3) optimal bleibt, kann mittels parametrischer Darstellung der Zielfunktion ermittelt werden:

Die ursprüngliche Zielfunktion lautet dann:

| -3 | $-(2+\lambda)$ | 0 | 0 | $\|$ | 0 |

Die Zielfunktionszeile im Lösungstableau ist:

| 0 | $-\lambda$ | $\dfrac{4}{3}$ | $\dfrac{2}{3}$ | $\|$ | 20.000 |

Diese Lösung ist solange optimal gemäß Simplexkriterium, wie die Zielfunktionszeile keine negativen Koeffizienten aufweist. Durch Addition des λ-fachen der zweiten Zeile zur Zielfunktionszeile ergibt sich:

| 0 | 0 | $\dfrac{4}{3}-\dfrac{1}{3}\lambda$ | $\dfrac{2}{3}-\dfrac{4}{3}\lambda$ | $\|$ | $20.000 + 4.000\,\lambda$ |

Die Lösung ist also optimal, wenn gilt:

$$\frac{4}{3} - \frac{1}{3}\lambda \geq 0 \quad \text{und} \quad \frac{2}{3} + \frac{4}{3}\lambda \geq 0$$

$$\Rightarrow \quad -0{,}5 \leq \lambda \leq 4$$

Der Preis für P_2 darf also höchstens auf

$$\text{PUG} = 14{,}75 - 0{,}5 = 14{,}25 \text{ DM}$$

sinken, bevor P_2 eingestellt wird. Bei der Preisuntergrenze von 14,25 DM ist der Gesamtdeckungsbeitrag gerade

$$20.000 + 4.000 \times (-0{,}5) = 18.000,- \text{ DM,}$$

also identisch mit dem Fall, daß P_2 eingestellt wird (siehe Deckungsbeitrag im 2. Lösungstableau unter a)).

Bei grafischer Betrachtung entspricht bei einem Preis von 14,25 DM für P_2 die Steigung der Zielfunktion Z gerade der Steigung der Nebenbedingung B_1. Fällt der Preis weiter, so flacht die Zielfunktion weiter ab und die optimale Ecke »springt« in den Punkt $(x_1, x_2) = (6.000, 0)$.

ca) Die Kapazitäten werden durch den Zusatzauftrag proportional mit 20 % in Anspruch genommen. Dadurch bleibt die Produktmischung erhalten. Der Ausstoß sinkt jeweils um 20 %:

$$x_1 = 4.000 \times 0{,}8 = 3.200 \text{ Stück}$$
$$x_2 = 4.000 \times 0{,}8 = 3.200 \text{ Stück}$$

Die PUG ergibt sich damit aus folgender Überlegung:

Entgangener Gewinn P_1 ($= 800 \times 3$)	2.400
P_2 ($= 800 \times 2$)	1.600
+ Grenzkosten des Zusatzauftrags	19.800
= PUG	23.800

Zum selben Ergebnis gelangt man durch Anwendung der Formel:

$$\text{PUG}_i = K_{vi} + \sum_{j=1}^{m} b_{ji} \times w_j^*$$

$$= 19.800 + 2.400 \times \frac{4}{3} + 1.200 \times \frac{2}{3}$$

$$= 19.800 + 3.200 + 800$$

$$= 23.800,- \text{ DM}$$

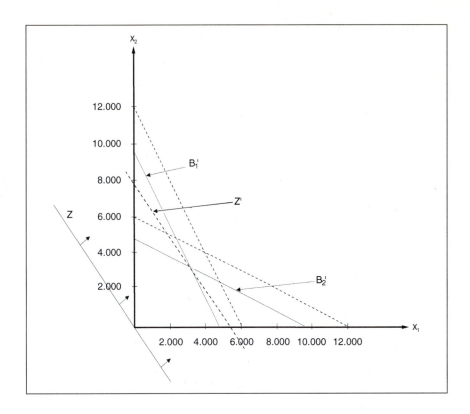

cb) Im Fall ca) konnte die PUG-Formel angewendet werden, weil die Opportunitätskostensätze infolge der proportionalen Inanspruchnahme der Kapazität bei Hereinnahme des Zusatzauftrags zur PUG nicht verändert werden. Bei nicht proportionaler Inanspruchnahme der Kapazität ist erst zu prüfen, bis zu welcher Inanspruchnahme der Kapazitäten die Dualwerte erhalten bleiben.

Die Darstellung für die Kapazität in Fertigungsstelle I lautet in parametrischer Darstellung:

$$2 x_1 + 1 x_2 + 1 s_1 + 0 s_2 = 12.000 + \lambda$$

Das Lösungstableau lautet somit:

	x_1	x_2	s_1	s_2	
x_1	1	0	$\frac{2}{3}$	$-\frac{2}{3}$	$4.000 + \frac{2}{3}\lambda$
x_2	0	1	$-\frac{1}{3}$	$\frac{4}{3}$	$4.000 + \frac{1}{3}\lambda$
G	0	0	$\frac{4}{3}$	$\frac{2}{3}$	$20.000 + \frac{4}{3}\lambda$

Die Basislösung bleibt bestehen, solange gilt: $x_1 \wedge x_2 \geq 0$, d. h.

$$4.000 + \frac{2}{3}\lambda \geq 0 \Leftrightarrow \lambda \geq 6.000 \quad \text{und} \quad 4.000 - \frac{1}{3}\lambda \geq 0 \Leftrightarrow \lambda \leq 12.000$$
$$\Rightarrow \quad -6.000 \leq \lambda \leq 12.000$$

Da λ = Kapazitätsbeanspruchung von Fertigungsstelle I gilt: Bis zu einer Kapazitätsbeanspruchung bezüglich Abteilung I von 6.000 Stunden bleiben die Dualvariablen gültig. Da im vorliegenden Falle die Kapazitätsbeanspruchung 400 Stunden beträgt, kann die PUG-Formel also angewendet werden:

$$\text{PUG} = 2.200 + 400 \times \frac{4}{3} \approx 2.733{,}33 \text{ DM}$$

Kontrollrechnung:

Infolge der Verminderung der Kapazität um 400 Stunden müssen P_1 um 2/3 je Stunde weniger und P_2 um 1/3 je Stunde vermehrt hergestellt werden. Der Gewinnentgang ist also:

Gewinnentgang P_1 ($=\frac{2}{3} \times 400 \times 3$)	800,00 DM
– Gewinnzugang P_2 ($=\frac{1}{3} \times 400 \times 2$)	266,67 DM
= Gesamter Gewinnentgang	533,33 DM

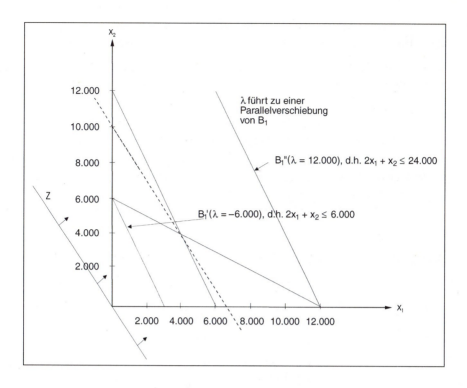

Aufgabe 13.3: Preisuntergrenze bei kurz- und langfristigem Absatzrückgang

Die Deutsche Drammophon, ein in der Musikbranche tätiges Unternehmen, stellt in ihrem Kerngeschäft mit Klassik-Schallplatten seit kurzem einen deutlichen Preisverfall fest. In der Unternehmensleitung überlegt man deshalb, ob die Produktion von Klassikschallplatten für einen Zeitraum von drei Monaten stillgelegt werden sollte.

Bislang erzielte die Deutsche Drammophon einen Absatz von 1.200.000 Schallplatten pro Jahr bei einem Durchschnittspreis von 20,– DM/Platte. Pro Schallplatte fallen für Material, Fertigung, Künstlerprovision und Verpackung variable Kosten in Höhe von 16,– DM an. Bei laufender Fertigung fallen für Wartungs- und Justierungsarbeiten monatlich 100.000,– DM Fixkosten an. Die Restnutzungsdauer der eingesetzten Produktionsanlagen schätzt man auf 10 Jahre, wobei man nach Ablauf dieser Frist noch von einem Liquidationserlös von 120.000,– DM ausgeht. Zum momentanen Zeitpunkt ließe sich bei Verkauf der Produktionsanlagen ein Preis von 800.000,– DM erzielen. Für den Kalkulationszinsfuß i wird im Unternehmen ein Wert von 8 % angesetzt.

Nach einer Stillegung wird mit 300.000,– DM Wiederanlaufkosten für das Ingangsetzen des sensiblen Produktionsprozesses gerechnet. Je nach Stillegungsdauer fallen zusätzlich

50.000,– DM je Monat zeitabhängige Wiederanlaufkosten, beispielsweise für das Anlernen der Hilfskräfte und den Ersatz unbrauchbar gewordener Chemikalien, an.

a) Bei Unterschreitung welcher PUG ist der Vorschlag einer vorübergehenden Stillegung der Produktion für drei Monate vorteilhaft?

b) Gegenwärtig ist bei dem bedienten Kundenkreis nur ein Preis von durchschnittlich 15,– DM/Platte erzielbar. Wie lange darf der Preisverfall maximal andauern, bevor eine vorübergehende Stillegung für diesen Zeitraum vorteilhaft erscheint?

c) In der Unternehmensleitung identifizierte man die Einführung der Musik-CD als Ursache des Preisverfalls auf dem Schallplattenmarkt. Da in Zukunft nicht mehr mit einer Erholung des Preises gerechnet werden kann, möchte man die PUG bestimmen, unterhalb derer eine endgültige Stillegung des Schallplattenwerks in Betracht kommt.

Lösung zu Aufgabe 13.3:

a) Eine Weiterproduktion ist vorzuziehen, falls der dadurch monatlich entstehende Deckungsbeitrag wenigstens die monatlich einsparbaren Fixkosten im Fall der Stillegung abzüglich der auf den Monat bezogenen Wiederanlaufkosten hereinbringt.

Mit: x = Ausbringungsmenge pro Monat
k_v = variable Stückkosten
ΔF = einsparbare Fixkosten pro Monat
K_w = fixe Wiederanlaufkosten
$k_w \times z$ = zeitabhängige Wiederanlaufkosten in Abhängigkeit von der Stillegungsdauer z (= Monat)

erhält man die Bedingung:

$$x \times (PUG - k_v) \geq \Delta F - \frac{K_w + k_w \times z}{z}$$

Durch einfaches Umformen erhält man die PUG aus:

$$PUG = k_v + \frac{\Delta F}{x} - \frac{K_w + k_w \times z}{x \times z}$$

$$= 16 + \frac{100.000}{100.000} - \frac{300.000 + 50.000 \times 3}{100.000 \times 3} = 15,50 \text{ DM}$$

b) Setzt man den tatsächlich erzielbaren Preis p statt der PUG, so läßt sich die unter a) verwendete Formel nach der kritischen Stillstandsdauer z' auflösen:

$$z' = \frac{K_w}{-(p - k_v) \times x + \Delta F - k_w}$$

$$= \frac{300.000}{-(15 - 16) \times 100.000 + 100.000 - 50.000} = 2 \text{ Monate}$$

c) Die Weiterproduktion würde einen Verzicht auf die Differenz zwischen jetzigem und (niedrigerem) späteren Liquidationserlös bedeuten. Als Indifferenzbedingung zwischen Weiterproduktion und Stillegung gilt:

$$L_0 = \sum_{t=1}^{n} \frac{(p_t - k_{vt}) \times x_t - \Delta F_t}{(1+i)^t} + \frac{L_n}{(1+i)^n}$$

mit: L_0 = Liquidationserlös im Kalkulationszeitpunkt
L_n = Liquidationserlös nach Ablauf der Nutzungsdauer
t = Zeitindex
n = Restnutzungsdauer in Jahren
ΔF = abbaufähige fixe Kosten pro Jahr
i = Kalkulationszinsfuß
x = Produktionsmenge pro Jahr
p = Stückpreis

Für p_t, x_t, k_{vt} und ΔF_t = konstant erhält man:

$$PUG = k_v + \frac{\Delta F + (L_0 - L_n) \times k(i,n) + L_n \times i}{x}$$

wobei $k(i,n) = \frac{(1+i)^n \times i}{(1+i)^n - 1}$ den Wiedergewinnungsfaktor angibt.

Für den Wiedergewinnungsfaktor erhält man:

$$k(0{,}08;\,10) = \frac{1{,}08^{10} \times 0{,}08}{1{,}08^{10} - 1} \approx 0{,}15$$

Die PUG für eine endgültige Stillegung erhält man damit:

$$PUG = 16 + \frac{1.200.000 + (800.000 - 120.000) \times 0{,}15 + 120.000 \times 0{,}08}{1.200.000} \approx 17{,}09 \text{ DM/Platte}$$

Fallstudie: Kartonpappe

Die American Electric Company (AEC) mit Sitz in Cleveland, Ohio, hat die Jahrestonnage an Kartonverpackung im Umfang von 7.800 t ausgeschrieben. Das Unternehmen Palmers, eine Tochtergesellschaft der World Cellulosics Inc. (WCI), ist neben der Union Carton Company (UCC) Stammlieferant von AEC und hat bisher etwa 50 % der jährlichen Menge geliefert. Da UCC ein neues Werk errichtet hat, rechnet Palmers mit erhöhtem Preisdruck.

Die World Cellulosics Inc. (WCI) ist ein bedeutender Papier- und Kartonhersteller mit mehreren Werken und Weiterverarbeitungsbetrieben im Osten der USA. Die Fertigung der Grundprodukte von der Holzzerkleinerung über die Zellstoffherstellung bis zum Papier oder Karton findet in den Werken statt. In den Verarbeitungsbetrieben werden die Grundprodukte sodann zu den verschiedenen Papier- und Kartonendprodukten weiterverarbeitet. Die Werke beliefern nicht nur die eigenen Verarbeitungsbetriebe, sie verkaufen auch an fremde Weiterverarbeiter. Die Lieferungen an eigene Verarbeitungsbetriebe werden zum Marktpreis verrechnet. Die Transportkosten trägt der Lieferant.

Das Grundprodukt Kartonpappe wird im Werk in New Hampshire (NH) gefertigt und im Weiterverarbeitungsbetrieb »Palmers« der WCI (Sitz in Cleveland, Ohio) zum Fertigprodukt weiterverarbeitet. Dabei fallen Ausbeuteverluste in Höhe von 6,88 % an. Die Kapazität von Palmers ist nicht ausgelastet. Es bestehen Leerkapazitäten für 55.000 t pro Jahr. Das Werk in New Hampshire arbeitet schon seit Jahren mit Vollauslastung. Es mußten immer wieder Anfragen fremder Weiterverarbeitungsbetriebe aus den verschiedenen Marktregionen in früheren Jahren abgelehnt werden. Derzeit gibt es im Markt Chicago eine nicht gedeckte Nachfrage von 8.000 t.

Die Kunden von NH sitzen in verschiedenen Regionen und verursachen für NH folglich unterschiedliche Transportkosten. Transportkosten und Absatzmengen für Rohpappe ergeben sich aus folgender Tabelle:

Marktregion	New York	Philadelphia	Chicago	Detroit	Buffalo
Transportkosten je Tonne	7,50 $	8,50 $	19,00 $	17,00 $	15,50 $
Absatzmenge	25.000 t	15.000 t	10.000 t[1]	20.000 t	1.000 t

Die Herstellkosten je Tonne inklusive aller anteiligen Gemeinkostenzuschläge belaufen sich im Werk NH auf 118,57 $. Die Transportkosten von NH nach Cleveland, dem Sitz von Palmers, betragen 15,00 $/t.

Der Marktpreis, aus dem diese Kosten zuzüglich der Transportkosten zu decken sind, beträgt 127,50 $/t. Eine soeben durchgeführte Sonderstudie der Wirtschaftlichkeit der Produkte hat ergeben, daß sich der Deckungsbeitrag im Werk NH für Kartonpappe ohne Berücksichtigung der Transportkosten auf 24,11 $ je Tonne beläuft.

---

[1] Tatsächliche Nachfrage: 18.000 t.

Die Kostenrechnung des Weiterverarbeitungsbetriebs Palmers zeigt für die Produktlinie folgende Werte:

Kostenart	$/t
Materialkosten »Kartonpappe«	136,92
+ variable Verarbeitungskosten	103,70
+ variable Vertriebskosten	7,56
= variable Kosten	248,18
+ fixe Verarbeitungskosten	10,05
= Selbstkosten	258,23

Zusätzlich fallen Transportkosten an. Im Falle der Lieferung an die AEC wären diese mit 4,00 $ je Tonne relativ gering, da AEC ebenfalls in Cleveland ihren Sitz hat.

Ab welchem Preis (kurzfristig/langfristig) ist es für Palmers interessant, bei der Ausschreibung des AEC-Konzerns mitzubieten?

Lösung zur Fallstudie Kartonpappe:

Zunächst soll die Struktur der Lieferbeziehungen verdeutlicht werden.

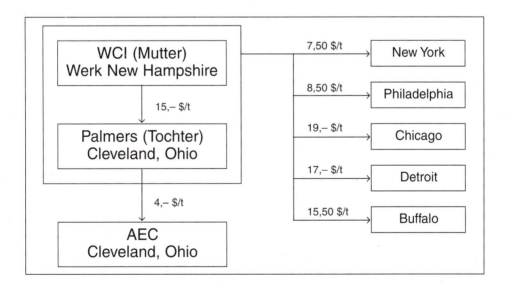

Zur Ermittlung der kurz- bzw. langfristigen PUG ist eine Grenz- bzw. Vollkostenbetrachtung notwendig. Zur Vollkostenbetrachtung sind zusätzlich zu den Grenzkosten die Fixkosten einzubeziehen (in $/t):

Grenzkostenanalyse		Fixkostenanalyse	
Marktpreis$_{WCI}$	127,50	Herstellkosten$_{WCI}$	118,57
− Deckungsbeitrag$_{WCI}$ ohne Transportkosten	24,11	− variable Herstellkosten$_{WCI}$	103,39
= variable Herstellkosten$_{WCI}$	103,39	= fixe Herstellkosten$_{WCI}$	15,18
+ Transportkosten zu Palmers	15,00		
= k$_{v, WCI}$	118,39		
: Ausbeutegrad	0,9312	: Ausbeutegrad	0,9312
= variable Materialkosten$_{Palmers}$	127,14	= fixe Materialkosten$_{Palmers}$	16,30
+ variable Verarbeitungskosten$_{Palmers}$	103,70	+ fixe Verarbeitungskosten$_{Palmers}$	10,05
+ variable Vertriebskosten$_{Palmers}$	7,56		
= variable Kosten$_{Palmers}$	238,40	= fixe Kosten$_{Palmers}$	26,35
+ Transportkosten zu AEC	4,00		
= k$_{v, Palmers}$	242,40	= k$_{f, Palmers}$	26,35

Aus kurzfristiger Sicht sind die Fixkosten für die Preisuntergrenze unbeachtlich. Die aus Konzernsicht »korrekte« PUG ergibt sich hier bei Berücksichtigung der Opportunitätskosten, die auf Grund der Vollauslastung aus der Verdrängung externer Lieferungen bei WCI entstehen. Unter der Annahme, daß WCI seine Kapazität nicht ausbauen kann, wird WCI die für die Lieferung an Palmers benötigten Kapazitäten aus dem Markt mit dem kleinsten Deckungsbeitrag (= höchsten Transportkosten) abziehen. Damit ergeben sich folgende Opportunitätskosten:

d$_{WCI}$	24,11
− Transportkosten Chicago	19,00
= d nach Transportkosten	5,11
: Ausbeutegrad	0,9312
= Opportunitätskosten w	5,49

Die kurzfristige PUG errechnet sich aus:

$$PUG_{kurzfristig} = k_{v, Palmers} + w = 242,40 + 5,49 = 247,89$$

Die langfristige PUG entspricht den vollen Selbstkosten. Sie ermittelt sich also wie folgt:

$$PUG_{langfristig} = k_{v, Palmers} + k_{f, Palmers} = 242,40 + 26,35 = 268,75$$

Vierter Teil:

Weiterentwicklungen und Anwendungsmöglichkeiten in der Kontrollrechnung

14. Kapitel: Formen der Plankostenrechnung

Aufgabe 14.1: Systeme der Plankostenrechnung

In einem Ein-Produkt-Unternehmen werden in einer Kostenstelle die Stückzahlen als Bezugsgröße herangezogen. Für eine Periode wurden folgende Planwerte ermittelt:

Planbeschäftigung	1.000	Stück
geplante variable Kosten	5,–	DM/Stück
geplante fixe Kosten	3.000,–	DM

Zum Schluß der Periode konnte eine tatsächliche Ist-Produktion von 600 Stück realisiert werden. Hierfür sind Ist-Kosten in Höhe von 7.500,– DM angefallen. Die darin enthaltenen Fixkosten betragen wie geplant 3.000,– DM.

a) Wie hoch sind die Plankosten, verrechneten Plankosten und Soll-Kosten aufgrund einer starren Plankostenrechnung, einer flexiblen Plankostenrechnung auf Vollkostenbasis und einer flexiblen Plankostenrechnung auf Grenzkostenbasis?

b) Wie hoch ist der Planverrechnungssatz bei allen drei Planungsalternativen?

c) Welcher Variator ergibt sich für die flexible Plankostenrechnung auf Vollkostenbasis und welche Aussage läßt er zu?

d) Auf Basis der drei Planungsalternativen lassen sich eine Gesamt-, eine Preis-/Verbrauchs- und eine Beschäftigungsabweichung berechnen. Wie hoch sind die drei Abweichungen?

e) Wie lassen sich die Plankosten, Ist-Kosten, Soll-Kosten, verrechneten Plankosten sowie die in Teilaufgabe d) errechneten Abweichungen für den Fall der flexiblen Plankostenrechnung auf Vollkostenbasis grafisch darstellen?

Lösung zu Aufgabe 14.1:

a) Die jeweiligen Kostengrößen errechnen sich wie folgt:

- Plankosten (K_p) bei starrer Plankostenrechnung und bei flexibler Plankostenrechnung auf Vollkostenbasis:

variable Plankosten (K_{vp}) (= 5 × 1.000)	5.000,– DM
+ fixe Plankosten (K_{fp})	3.000,– DM
= gesamte Plankosten	8.000,– DM

Die variablen Plankosten betragen also bei flexibler Plankostenrechnung auf Grenzkostenbasis 5.000,– DM.

- Verrechnete Plankosten (K_{verr}) bei starrer Plankostenrechnung und bei flexibler Plankostenrechnung auf Vollkostenbasis:

$$K_{verr} = K_p \times \frac{x_i}{x_p} = 8.000 \times \frac{600}{1.000} = 4.800,- \text{DM}$$

Bei einer flexiblen Plankostenrechnung auf Grenzkostenbasis hingegen werden die K_{verr} anders berechnet (siehe Soll-Kosten).

- Soll-Kosten (K_s) bei flexibler Plankostenrechnung auf Vollkostenbasis:

$$K_s = K_{fp} + K_{vp} \times \frac{x_i}{x_p} = 3.000 + 5.000 \times \frac{600}{1.000} = 6.000,- \text{DM}$$

Soll-Kosten, d. h. die auf die jeweilige Ist-Beschäftigung umgerechneten Plankosten, sind in der starren Plankostenrechnung wegen fehlender Zerlegung in variable und fixe Kostenbestandteile nicht bekannt.

Die variablen Soll-Kosten bei flexibler Plankostenrechnung auf Grenzkostenbasis betragen dagegen:

$$K_{vs} = K_{verr} = K_{vp} \times \frac{x_i}{x_p} = 5.000 \times \frac{600}{1.000} = 3.000,- \text{DM}$$

b) Planverrechnungssatz bei

- starrer und flexibler Plankostenrechnung auf Vollkostenbasis:

$$\frac{\text{Plankosten}}{\text{Planbeschäftigung}} = \frac{K_p}{x_p} = \frac{8.000}{1.000} = 8,- \text{DM pro Stück}$$

- flexibler Plankostenrechnung auf Grenzkostenbasis:

$$\frac{\text{variable Plankosten}}{\text{Planbeschäftigung}} = \frac{K_{vp}}{x_p} = \frac{5.000}{1.000} = 5,- \text{DM pro Stück}$$

c) $$\text{Variator} = \frac{K_{vp}}{K_p} \times 10 = \frac{5.000}{8.000} \times 10 = 6,25$$

Der Variator ist eine Meßgröße für die Variabilität der Kosten bei einer Änderung der Beschäftigung. Die Ist-Beschäftigung liegt mit 600 Stück um 40 % unter der Planbeschäftigung von 1.000 Stück. Somit liegen die Soll-Kosten um

$$40\% \times \frac{6,25}{10} = 25\%$$

unter den Plankosten K_p von 8.000,– DM.

$$\Rightarrow K_s = 8.000 \times (1 - 0,25) = 6.000,- \text{DM}$$

d) • Gesamtabweichung (Ist-Kosten – Plankosten):

$$K_i - K_p = 7.500 - 8.000 = -500,- \text{ DM}$$

bzw. bei flexibler Plankostenrechnung auf Grenzkostenbasis:

$$K_{vi} - K_{vp} = 4.500 - 5.000 = -500,- \text{ DM}$$

• Preis-/Verbrauchsabweichung (Ist-Kosten – Soll-Kosten):

$$K_i - K_s = 7.500 - 6.000 = 1.500,- \text{ DM}$$

bzw. bei flexibler Plankostenrechnung auf Grenzkostenbasis:

$$K_{vi} - K_{vs} = 4.500 - 3.000 = 1.500,- \text{ DM}$$

Sie zu ermitteln ist bei einer starren Plankostenrechnung nicht möglich, da keine Soll-Kosten berechnet werden können.

• Beschäftigungsabweichung (Soll-Kosten – verrechnete Plankosten):

$$K_s - K_{verr} = 6.000 - 4.800 = 1.200,- \text{ DM}$$

Sie kann bei starrer Plankostenrechnung nicht errechnet werden, da keine Soll-Kosten vorhanden sind. Bei der Grenzplankostenrechnung ist sie per definitionem gleich Null, da variable Soll- und verrechnete Plankosten identisch sind.

e)
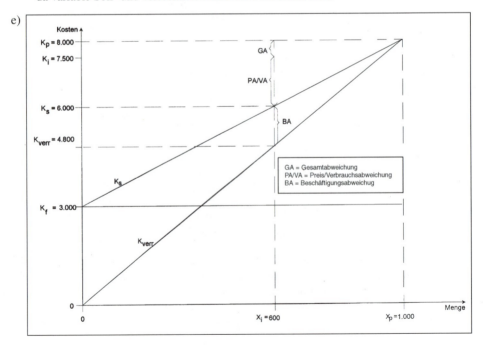

Aufgabe 14.2: Abweichungsanalysemethoden

In einer kleinen Spezialstahl-Schmelzerei beträgt die für die Produktion einer Periode geplante Input-Menge an Eisenerz 100 t. Bei der Planung wird von einem Preis pro Tonne Eisenerz von 500,– DM ausgegangen. Am Ende der Periode stellt der Controller fest, daß – obwohl die Ist-Beschäftigung der Planbeschäftigung entsprach – die Verbrauchsmenge an Eisenerz tatsächlich 120 t betrug und das Eisenerz im Durchschnitt zu einem Preis von 510,– DM pro Tonne eingekauft wurde.

a) Wie hoch ist die Gesamtabweichung?

b) Wie hoch ist die Sekundärabweichung?

c) Wie wird anhand der Zahlen die Sekundärabweichung bei Anwendung
 - der proportionalen Abweichungsanalysemethode,
 - der symmetrischen Abweichungsanalysemethode,
 - der alternativen Abweichungsanalysemethode auf Ist- und Plan-Bezugsbasis,
 - der kumulativen Abweichungsanalysemethode
verrechnet?

Wie hoch ist für die verschiedenen Typen der Abweichungsanalyse jeweils die Preis- und die Mengenabweichung?

Lösung zu Aufgabe 14.2:

a) Die Gesamtabweichung berechnet sich aus der Differenz der Ist-Kosten und der Plankosten. Die Ist-Kosten betragen bei einer Verbrauchsmenge von 120 t und einem durchschnittlichen Eisenerzpreis von 510,– DM pro Tonne:

$$\text{Ist-Kosten} = p_i \times x_i = 510 \times 120 = 61.200,\text{– DM}$$

Die Plankosten für die 100 t geplante Input-Menge Eisenerz betragen bei einem Planpreis von 500,– DM pro Tonne:

$$\text{Plankosten} = p_p \times x_p = 500 \times 100 = 50.000,\text{– DM}$$

Folglich ergibt sich für die Gesamtabweichung (GA):

$$GA = \text{Ist-Kosten} - \text{Plankosten} = 61.200 - 50.000 = 11.200,\text{– DM}$$

b) Die Sekundärabweichung (SA) ist sowohl auf die Preis- als auch auf die Mengenänderung zurückzuführen:

$$\begin{aligned} SA &= \Delta p \times \Delta x \\ &= (p_i - p_p) \times (x_i - x_p) \\ &= (510 - 500) \times (120 - 100) \\ &= 10 \times 20 \\ &= 200,- \text{ DM} \end{aligned}$$

c) Die Gesamtabweichung läßt sich zerlegen in die beiden reinen Teilabweichungen – Preisabweichung (PA) und Mengenabweichung (MA) – und die Sekundärabweichung:

$$\begin{aligned} GA &= \Delta p \times x_p + p_p \times \Delta x + \Delta p \times \Delta x \\ &= PA + MA + SA \end{aligned}$$

Diese Darstellung entspricht dem differenzierten Ausweis der verschiedenen Abweichungen. Daraus ergibt sich für die reinen Teilabweichungen:

$$\begin{aligned} PA &= \Delta p \times x_p \\ &= (510 - 500) \times 100 \\ &= 1.000,- \text{ DM} \\ MA &= p_p \times \Delta x \\ &= 500 \times (120 - 100) \\ &= 10.000,- \text{ DM} \end{aligned}$$

- Das Konzept der proportionalen Abweichungsverrechnung sieht vor, die Sekundärabweichung proportional auf die Primärabweichungen zu verteilen. Die von der Mengenabweichung und von der Preisabweichung jeweils zu tragenden »Anteile« der Sekundärabweichung können mit den nachstehenden Formeln ermittelt werden:

$$MA_{neu} = MA \times \left(1 + \frac{SA}{MA + PA}\right)$$

$$= p_p \times \Delta x \times \left(1 + \frac{\Delta p \times \Delta x}{p_p \times \Delta x + \Delta p \times x_p}\right)$$

$$= 10.000 \times \left(1 + \frac{200}{500 \times (120 - 100) + (510 - 500) \times 100}\right)$$

$$= 10.000 \times \left(1 + \frac{200}{10.000 + 1.000}\right)$$

$$\approx 10.181,82 \text{ DM}$$

$$PA_{neu} = PA \times \left(1 + \frac{SA}{MA + PA}\right)$$

$$= \Delta p \times x_p \times \left(1 + \frac{\Delta p \times \Delta x}{p_p \times \Delta x + \Delta p \times x_p}\right)$$

$$= 1.000 \times \left(1 + \frac{200}{10.000 + 1.000}\right)$$

$$\approx 1.018,18 \text{ DM}$$

- Bei der symmetrischen Abweichungsanalyse wird die Sekundärabweichung zu gleichen Teilen auf die Preisabweichung und die Mengenabweichung verteilt:

$$MA_{neu} = MA + \frac{SA}{2}$$
$$= p_p \times \Delta x + \frac{\Delta p \times \Delta x}{2}$$
$$= 10.000 + 100$$
$$= 10.100,- \text{ DM}$$

$$PA_{neu} = PA + \frac{SA}{2}$$
$$= \Delta p \times x_p + \frac{\Delta p \times \Delta x}{2}$$
$$= 1.000 + 100$$
$$= 1.100,- \text{ DM}$$

- Das Verfahren einer alternativen Verrechnung der Sekundärabweichung geht von der Fiktion aus, daß nur bei jeweils einem Kostenbestimmungsfaktor, also beispielsweise entweder bei Mengen oder bei Preisen, eine Abweichung zwischen geplanten und tatsächlich angefallenen Werten auftritt.

Nach der alternativen Abweichungsverrechnung auf Ist-Bezugsbasis lassen sich Mengen- und Preisabweichung wie folgt berechnen:

$$MA = p_i \times (x_i - x_p)$$
$$= p_i \times \Delta x$$
$$= 510 \times 20$$
$$= 10.200,- \text{ DM}$$
$$PA = (p_i - p_p) \times x_i$$
$$= \Delta p \times x_i$$
$$= 10 \times 120$$
$$= 1.200,- \text{ DM}$$

Damit ist die Sekundärabweichung einmal zuviel in der Gesamtabweichung als Summe von Mengen- und Preisabweichung enthalten.

$$MA + PA > GA \quad \text{und}$$
$$MA + PA = GA + SA$$
$$\Rightarrow 10.200 + 1.200 = 11.200 + 200$$

Die alternative Abweichungsverrechnung auf Plan-Bezugsbasis ergibt folgende Mengen- und Preisabweichung:

$$\begin{aligned} MA &= p_p \times (x_i - x_p) \\ &= p_p \times \Delta x \\ &= 500 \times 20 \\ &= 10.000,- \text{ DM} \\ PA &= (p_i - p_p) \times x_p \\ &= \Delta p \times x_p \\ &= 10 \times 100 \\ &= 1.000,- \text{ DM} \end{aligned}$$

Damit ist die Sekundärabweichung weder in der Mengenabweichung noch in der Preisabweichung enthalten, und es gilt:

$$MA + PA < GA \quad \text{und}$$
$$MA + PA = GA - SA$$
$$\Rightarrow 10.000 + 1.000 = 11.200 - 200$$

- Bei Anwendung der kumulativen Abweichungsanalyseverrechnung zur Ermittlung von Teilabweichungen enthalten die jeweils zuerst abgespaltenen Teilabweichungen den Großteil der Abweichungen höheren Grades. Im hier vorliegenden Fall mit zwei Kostenbestimmungsfaktoren gibt es nur eine Sekundärabweichung, die somit voll der ersten Abweichung zugerechnet wird.

Wenn zuerst die Mengenabweichung abgespalten wird, ergibt sich:

$$\begin{aligned} MA &= p_i \times (x_i - x_p) \\ &= p_i \times \Delta x \\ &= 510 \times 20 \\ &= 10.200,- \text{ DM} \\ PA &= (p_i - p_p) \times x_p \\ &= \Delta p \times x_p \\ &= 10 \times 100 \\ &= 1.000,- \text{ DM} \end{aligned}$$

Bei umgekehrter Vorgehensweise ergibt sich:

$$\begin{aligned} PA &= (p_i - p_p) \times x_i \\ &= \Delta p \times x_i \\ &= 10 \times 120 \\ &= 1.200,- \text{ DM} \\ MA &= p_p \times (x_i - x_p) \\ &= p_p \times \Delta x \\ &= 500 \times 20 \\ &= 10.000,- \text{ DM} \end{aligned}$$

Für die Gesamtabweichung ergibt sich in beiden Fällen:

GA = 10.200 + 1.000 = 1.200 + 10.000 = 11.200,– DM

Aufgabe 14.3: Differenzierte Abweichungsanalysemethoden

In einem in der Kunststoffbranche tätigen Unternehmen wird für die Herstellung eines Produkts mit dem Einsatz von drei Teilprodukten A/B/C in einem Verhältnis von 20:55:25 gerechnet. Die jeweiligen Preise für die Teilprodukte werden mit 2,–/4,–/6,– DM pro Stück eingeplant, jedoch mußten am Ende der Produktionsperiode tatsächliche Preise von 1,–/5,–/7,– DM und ein Ist-Mix von 25:60:15 festgestellt werden. Der geplante Output von 1.400 Stück wurde um 400 Stück unterschritten. Als Ist-Input-Menge (x_i) wurden 1.100 Einheiten für alle drei Produktionsfaktoren A/B/C zusammen benötigt, wobei die Soll-Input-Menge (x_s) nur 1.000 Einheiten betragen sollte (Produktionskoeffizient = 1).

a) In welcher Höhe ergibt sich eine Veränderung der variablen Kosten?

b) Wie hoch ist die Input-Mengenabweichung bzw. die Preisabweichung unter Verwendung der differenziert-alternativen Abweichungsverrechnung? Wie hoch sind die den jeweiligen Primärabweichungen zugerechneten Summen der Abweichungen höheren Grades und wie können diese interpretiert werden?

c) Mit welchen Primär-, Sekundär- bzw. Tertiärabweichungen kann die folgende Tabelle sinnvoll ergänzt werden?

(in DM)	Preis	Mix	Input-Menge
Preis			
Mix		–300	
Input-Menge	60		
Tertiärabweichung			
Summe der Abweichungen höheren Grades			
Summe aus Primärabweichung und Abweichungen höheren Grades			

Lösung zu Aufgabe 14.3:

a) Im folgenden werden folgende Bezeichnungen benötigt:

$p_{i1} = 1$, $p_{i2} = 5$, $p_{i3} = 7$ (= Ist-Preis des jeweiligen Teilprodukts k)
$p_{p1} = 2$, $p_{p2} = 4$, $p_{p3} = 6$ (= Plan-Preis des jeweiligen Teilprodukts k)
$ma_{i1} = 0{,}25$, $ma_{i2} = 0{,}60$, $ma_{i3} = 0{,}15$ (= Ist-Mixanteil des jeweiligen Teilprodukts k)
$ma_{p1} = 0{,}20$, $ma_{p2} = 0{,}55$, $ma_{p3} = 0{,}25$ (= Plan-Mixanteil des jeweiligen Teilprodukts k)
$x_i = 1.100$, $x_s = 1.000$, $x_p = 1.400$ (= Ist-Menge, Soll-Menge, Plan-Menge)

Es ergibt sich eine Veränderung der variablen Kosten aufgrund des niedrigeren Outputs von 1.000 gegenüber 1.400 geplanten Einheiten:

Veränderung der variablen Kosten = Soll-Kosten 1 (Plan-Bezugsbasis) − Plankosten

$$= \sum_{k=1}^{3} x_s \times p_{pk} \times ma_{pk} - \sum_{k=1}^{3} x_p \times p_{pk} \times ma_{pk}$$
$$= 1.000 \times (2 \times 0{,}20 + 4 \times 0{,}55 + 6 \times 0{,}25)$$
$$\quad - 1.400 \times (2 \times 0{,}20 + 4 \times 0{,}55 + 6 \times 0{,}25)$$
$$= 1.000 \times 4{,}10 - 1.400 \times 4{,}10$$
$$= 4.100 - 5.740$$
$$= -1.640{,}- \text{ DM}$$

b) Die folgende Abbildung zeigt die zur Berechnung der Input-Mengenabweichung notwendigen Schritte:

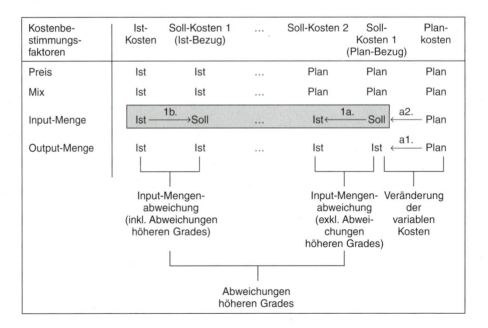

Die Input-Mengenabweichung wird ermittelt, indem nur ein Kostenbestimmungsfaktor, die Input-Menge, von Soll auf Ist umgestellt wird, während alle anderen (bis auf die exogen bestimmte Ist-Output-Menge) Einflußfaktoren mit Planwerten in die Rechnung eingehen. Abweichungen höheren Grades treten dabei nicht auf, da keine multiplikative Verknüpfung von »Ist-Kostenbestimmungsfaktoren« vorliegt. Um die jeweiligen Abweichungen höheren Grades separat ausweisen zu können, wird nun für jeden zu untersuchenden Kostenbestimmungsfaktor ausgehend von den Ist-Werten durch Veränderung nur dieses Kostenbestimmungsfaktors auf Planbasis eine alternative Abweichungsanalysemethode (auf Ist-Bezugsbasis) durchgeführt. Diese Abweichung enthält die Primärabweichung zuzüglich aller dazugehörigen Abweichungen höheren Grades. Aus der Differenz der beiden alternativen Abweichungen (einmal auf Plan-Bezugsbasis und einmal auf Ist-Bezugsbasis) können dann die separat auszuweisenden Abweichungen höheren Grades berechnet werden.

Mit den Zahlenangaben läßt sich die Input-Mengenabweichung inkl. aller Abweichungen höheren Grades wie folgt berechnen:

$$\begin{aligned}
\text{Input-Mengenabweichung (inkl.)} &= \sum_{k=1}^{3} p_{ik} \times ma_{ik} \times (x_i - x_s) \\
&= \sum_{k=1}^{3} p_{ik} \times ma_{ik} \times \Delta x \\
&= 1 \times 0{,}25 \times 100 + 5 \times 0{,}60 \times 100 + 7 \times 0{,}15 \times 100 \\
&= 25 + 300 + 105 \\
&= 430{,}- \text{ DM}
\end{aligned}$$

Die Input-Mengenabweichung ohne Abweichungen höheren Grades ist die sog. Primärabweichung und ergibt sich wie folgt:

$$\begin{aligned}
\text{Input-Mengenabweichung (exkl.)} &= \sum_{k=1}^{3} p_{pk} \times ma_{pk} \times (x_i - x_s) \\
&= \sum_{k=1}^{3} p_{pk} \times ma_{pk} \times \Delta x \\
&= 2 \times 0{,}20 \times 100 + 4 \times 0{,}55 \times 100 + 6 \times 0{,}25 \times 100 \\
&= 40 + 220 + 150 \\
&= 410{,}- \text{ DM}
\end{aligned}$$

Die Summe der Abweichungen höheren Grades ergibt sich aus der Differenz zwischen der Abweichung auf Ist-Bezugsbasis und der Abweichung auf Plan-Bezugsbasis:

$$\begin{aligned}
\text{Summe der Abweichungen höheren Grades} &= 430 - 410 \\
&= 20{,}- \text{ DM}
\end{aligned}$$

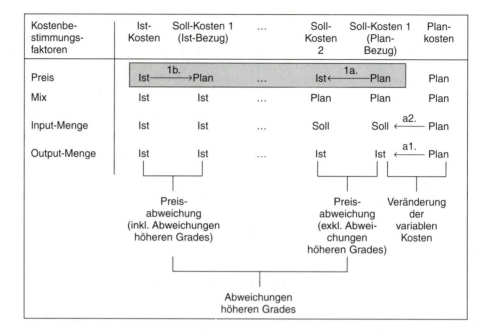

Die Preisabweichung läßt sich analog zur Input-Mengenabweichung berechnen:

$$\text{Preisabweichung (inkl.)} = \sum_{k=1}^{3} (p_{ik} - p_{pk}) \times ma_{ik} \times x_i$$

$$= \sum_{k=1}^{3} \Delta p_k \times ma_{ik} \times x_i$$

$$= (-1) \times 0{,}25 \times 1.100 + 1 \times 0{,}60 \times 1.100 + 1 \times 0{,}15 \times 1.100$$

$$= (-275) + 660 + 165$$

$$= 550{,}- \text{ DM}$$

$$\text{Preisabweichung (exkl.)} = \sum_{k=1}^{3} (p_{ik} - p_{pk}) \times ma_{pk} \times x_s$$

$$= \sum_{k=1}^{3} \Delta p_k \times ma_{pk} \times x_s$$

$$= (-1) \times 0{,}20 \times 1.000 + 1 \times 0{,}55 \times 1.000 + 1 \times 0{,}25 \times 1.000$$

$$= (-200) + 550 + 250$$

$$= 600{,}- \text{ DM}$$

Daraus läßt sich folgende bzgl. der Preisabweichung entstehende Summe der Abweichungen höheren Grades ableiten:

$$\text{Summe der Abweichungen höheren Grades} = 550 - 600$$
$$= -50{,}- \text{ DM}$$

Die Summe der Abweichungen höheren Grades gibt an, wie sich die Input-Mengenabweichung bzw. die Preisabweichung im Zusammenwirken mit den Abweichungen der anderen Kostenbestimmungsfaktoren auswirkt. Diese Zahl dient dem Kostenstellenleiter als Information zur Abschätzung von Folgen einer Input-Mengenabweichung bzw. einer Preisabweichung.

c) Die Primärabweichungen des Preises und der Input-Menge lassen sich der Aufgabe b) entnehmen. Die restlichen Abweichungen können wie folgt berechnet werden:

Sekundärabweichungen:

$$\begin{aligned} \text{Preis/Mix} &= \sum_{k=1}^{3} (p_{ik} - p_{pk}) \times (ma_{ik} - ma_{pk}) \times x_s \\ &= \sum_{k=1}^{3} \Delta p_k \times \Delta ma_k \times x_s \\ &= (-1) \times 0{,}05 \times 1.000 + 1 \times 0{,}05 \times 1.000 + 1 \times (-0{,}10) \times 1.000 \\ &= (-50) + 50 + (-100) \\ &= -100{,}- \text{ DM} \end{aligned}$$

$$\begin{aligned} \text{Input-Menge/Mix} &= \sum_{k=1}^{3} p_{pk} \times (ma_{ik} - ma_{pk}) \times (x_i - x_s) \\ &= \sum_{k=1}^{3} p_{pk} \times \Delta ma_k \times \Delta x \\ &= 2 \times 0{,}05 \times 100 + 4 \times 0{,}05 \times 100 + 6 \times (-0{,}10) \times 100 \\ &= 10 + 20 + (-60) \\ &= -30{,}- \text{ DM} \end{aligned}$$

Tertiärabweichung:

$$\begin{aligned} \text{Preis/Mix/Input-Menge} &= \sum_{k=1}^{3} (p_{ik} - p_{pk}) \times (ma_{ik} - ma_{pk}) \times (x_i - x_s) \\ &= \sum_{k=1}^{3} \Delta p_k \times \Delta ma_k \times \Delta x \\ &= (-1) \times 0{,}05 \times 100 + 1 \times 0{,}05 \times 100 + 1 \times (-0{,}10) \times 100 \\ &= (-5) + 5 + (-10) \\ &= -10{,}- \text{ DM} \end{aligned}$$

Mit den berechneten Zahlen und den Zahlen aus Aufgabe b) kann nun die folgende Tabelle ergänzt werden:

(in DM)	Preis	Mix	Input-Menge
Preis	600	−100	60
Mix	−100	−300	−30
Input-Menge	60	−30	410
Tertiärabweichung	−10		
Summe der Abweichungen höheren Grades	−50	−140	20
Summe aus Primärabweichung und Abweichungen höheren Grades	550	−440	430

Die Gesamtabweichung läßt sich nun durch die Primär- und höhergradigen Abweichungen darstellen:

$$\begin{aligned}
GA &= \text{Ist-Kosten} - \text{Plankosten} \\
&= \text{Ist-Kosten} - \text{Soll-Kosten} + \text{Veränderung der variablen Kosten} \\
&= 1 \times 0{,}25 \times 1.100 + 5 \times 0{,}60 \times 1.100 + 7 \times 0{,}15 \times 1.100 \\
&\quad - (2 \times 0{,}20 \times 1.400 + 4 \times 0{,}55 \times 1.400 + 6 \times 0{,}25 \times 1.400) \\
&= 4.730 - 5.740 \\
&= 4.730 - 4.100 + (-1.640) \\
&= -1.010{,}- \text{ DM}
\end{aligned}$$

Anders ausgedrückt:

$$\begin{aligned}
GA &= \text{drei Primärabweichungen (Preis, Mix, Input-Menge)} \\
&\quad + \text{drei Sekundärabweichungen (Preis/Mix, Preis/Input-Menge,} \\
&\quad \text{Mix/Input-Menge)} \\
&\quad + \text{eine Tertiärabweichung (Preis/Mix/Input-Menge)} \\
&\quad + \text{Veränderung der variablen Kosten} \\
&= 600 + (-300) + 410 \\
&\quad + (-100) + 60 + (-30) \\
&\quad + (-10) \\
&\quad + (-1.640) \\
&= -1.010{,}- \text{ DM}
\end{aligned}$$

15. Kapitel: Ergebnisabweichungsanalyse

Aufgabe 15.1: Umsatzabweichung

Die Bernd Schmidhuber KG verkauft auf einem Stand beim Tollwood-Festival die beiden Sonnencremes Alpha (im folgenden kurz: A) und Beta (B). Herr Schmidhuber rechnet dabei mit den folgenden Absatzmengen und -preisen:

	Sonnencreme A	Sonnencreme B
Absatzvolumen in Stück	$x_{pA} = 99.000$	$x_{pB} = 231.000$
Absatzpreis in DM	$p_{pA} = 4,-$	$p_{pB} = 5,-$

Nach Beendigung des Festivals muß Herr Schmidhuber feststellen, daß seine Vorgaben trotz des sonnenreichen Wetters nicht mit den tatsächlichen Verkaufsmengen und -preisen übereinstimmen. Stattdessen erhielt er die nachstehenden Zahlen:

	Sonnencreme A	Sonnencreme B
Absatzvolumen in Stück	$x_{iA} = 120.000$	$x_{iB} = 180.000$
Absatzpreis in DM	$p_{iA} = 4,50$	$p_{iB} = 4,50$

a) Da Herr Schmidhuber nächstes Jahr wieder an dem Festival teilnehmen möchte, bittet er seinen Freund Paul Maier, der gerade an der Universität Augsburg sein Examen in Betriebswirtschaftslehre bestanden hat, seine Umsatzzahlen zu analysieren. Insbesondere wünscht er eine Unterteilung in Preis- und Mengenabweichungen.

b) Nachdem er die ersten Zahlen erhalten hat, bittet er seinen Freund nochmals die Mengenabweichung genauer zu analysieren und ihm den Zusammenhang der einzelnen Ergebnisse zu erklären, damit er sich für spätere Jahre Maßnahmen zur Gegensteuerung überlegen kann.

Lösung zu Aufgabe 15.1:

a) Umsatzabweichung = Ist-Umsatz – Planumsatz

$$= \sum_{j=1}^{2} p_{ij} \times x_{ij} - \sum_{j=1}^{2} p_{pj} \times x_{pj}$$
$$= 4{,}50 \times 120.000 + 4{,}50 \times 180.000 - (4 \times 99.000 + 5 \times 231.000)$$
$$= 1.350.000 - 1.551.000 = -201.000 \text{ (U)}$$

Der Ist-Umsatz liegt unter dem Planumsatz, so daß sich eine Umsatzabweichung von –201.000,– DM ergibt, die sich aus den unterschiedlichen Umsatzabweichungen der beiden Cremes A und B wie folgt zusammensetzt:

	p_{ij}	×	x_{ij}	–	p_{pj}	×	x_{pj}		
A:	4,50	×	120.000	–	4	×	99.000	=	144.000 (G)[1]
B:	4,50	×	180.000	–	5	×	231.000	=	–345.000 (U)[2]
Gesamt:									–201.000 (U)

Man sieht, daß nur Creme B (–345.000,– DM) die negative Umsatzabweichung verursacht, während Creme A (144.000,– DM) das Ergebnis etwas verbessert.

- Absatzpreisabweichung = Ist-Umsatz – Soll-Umsatz 1

$$= \sum_{j=1}^{2} p_{ij} \times x_{ij} - \sum_{j=1}^{2} p_{pj} \times x_{ij}$$
$$= 4{,}50 \times 120.000 + 4{,}50 \times 180.000 - (4 \times 120.000 + 5 \times 180.000)$$
$$= 1.350.000 - 1.380.000 = -30.000 \text{ (U)}$$

Der Ist-Umsatz liegt unter dem Soll-Umsatz 1, so daß sich eine für das Ergebnis negative Absatzpreisabweichung von –30.000,– DM ergibt, die sich aus den unterschiedlichen Teilabweichungen der beiden Cremes A und B wie folgt zusammensetzt:

	(p_{ij}	–	p_{pj})	×	x_{ij}		
A:	(4,50	–	4)	×	120.000	=	60.000 (G)
B:	(4,50	–	5)	×	180.000	=	–90.000 (U)
Gesamt:							–30.000 (U)

Im Unternehmen entsteht durch den höheren, am Markt erzielten Preis für Creme A eine Umsatzsteigerung von 60.000,– DM. Da jedoch der Ist-Preis von Creme B bei einem Absatz von 180.000 Stück um 0,50 DM/Stück unter dem Planpreis liegt, ergibt sich insgesamt eine negative Absatzpreisabweichung in Höhe von –30.000,– DM.

---

[1] (G) bedeutet, daß die Einzelabweichung in ihrer Ergebniswirkung günstig zu beurteilen ist.
[2] (U) bedeutet, daß die Einzelabweichung in ihrer Ergebniswirkung ungünstig zu beurteilen ist.

- Absatzmengenabweichung = Soll-Umsatz 1 – Planumsatz

$$= \sum_{j=1}^{2} p_{pj} \times x_{ij} - \sum_{j=1}^{2} p_{pj} \times x_{pj}$$
$$= 4 \times 120.000 + 5 \times 180.000 - (4 \times 99.000 + 5 \times 231.000)$$
$$= 1.380.000 - 1.551.000 = -171.000 \text{ (U)}$$

Der Soll-Umsatz 1 liegt unter dem Planumsatz, so daß sich eine für das Ergebnis negative Absatzmengenabweichung von –171.000,– DM ergibt, die sich aus den unterschiedlichen Teilabweichungen der beiden Cremes A und B wie folgt zusammensetzt:

$$\begin{array}{llll}
 & p_{pj} \times & (x_{ij} - x_{pj}) & \\
\text{A:} & 4 \times & (120.000 - 99.000) = & 84.000 \text{ (G)} \\
\text{B:} & 5 \times & (180.000 - 231.000) = & -255.000 \text{ (U)} \\
\hline
\text{Gesamt:} & & & -171.000 \text{ (U)}
\end{array}$$

Im Unternehmen entsteht zunächst durch die erhöhte Absatzmenge von Creme A eine Umsatzsteigerung von 84.000,– DM. Da jedoch die Absatzmenge bei Creme B gegenüber der Planung von 231.000 Stück auf 180.000 Stück gefallen ist und damit auch der Umsatz um 255.000,– DM sinkt, ergibt sich insgesamt eine Absatzmengenabweichung in Höhe von –171.000,– DM.

b) Zwecks genauerer Analyse wird die Absatzmengenabweichung in die Absatzmix- und die Absatzvolumenabweichung unterteilt:

Tatsächlicher Absatzmix: Creme A: $\quad ma_{iA} = \dfrac{x_{iA}}{x_i} = \dfrac{120.000}{300.000} = 0,4$

Creme B: $\quad ma_{iB} = \dfrac{x_{iB}}{x_i} = \dfrac{180.000}{300.000} = 0,6$

Geplanter Absatzmix: Creme A: $\quad ma_{pA} = \dfrac{x_{pA}}{x_p} = \dfrac{99.000}{330.000} = 0,3$

Creme B: $\quad ma_{pB} = \dfrac{x_{pB}}{x_p} = \dfrac{231.000}{330.000} = 0,7$

- Absatzmixabweichung = Soll-Umsatz 1 – Soll-Umsatz 2

$$= \sum_{j=1}^{2} p_{pj} \times ma_{ij} \times x_i - \sum_{j=1}^{2} p_{pj} \times ma_{pj} \times x_i$$
$$= 4 \times 0,4 \times 300.000 + 5 \times 0,6 \times 300.000$$
$$\quad - (4 \times 0,3 \times 300.000 + 5 \times 0,7 \times 300.000)$$
$$= 1.380.000 - 1.410.000 = -30.000 \text{ (U)}$$

Der Soll-Umsatz 1 liegt unter dem Soll-Umsatz 2, so daß sich eine für das Ergebnis negative Absatzmixabweichung von –30.000,– DM ergibt, die sich aus den unterschiedlichen Teilabweichungen der beiden Cremes A und B wie folgt zusammensetzt:

$$\begin{array}{llll} & p_{pj} \times (ma_{ij} - ma_{pj}) \times & x_i & \\ \text{A:} & 4 \times (0{,}4 - 0{,}3) \times 300.000 & = & 120.000 \text{ (G)} \\ \text{B:} & 5 \times (0{,}6 - 0{,}7) \times 300.000 & = & -150.000 \text{ (U)} \\ \hline \text{Gesamt:} & & & -30.000 \text{ (U)} \end{array}$$

Die Absatzmixabweichung in Höhe von –30.000,– DM hat zwei Ursachen: Zum einen ist es gelungen, den Absatz von Creme A, die einen niedrigeren Planpreis pro Stück aufweist, um 21.000 Stück gegenüber der Planung zu erhöhen (120.000,– DM), zum anderen blieb der Absatz bei Creme B, die einen höheren Planpreis pro Stück aufweist, um 51.000 Stück hinter der erwarteten Stückzahl (–150.000,– DM) zurück.

- Absatzvolumenabweichung = Soll-Umsatz 2 – Planumsatz

$$= \sum_{j=1}^{2} p_{pj} \times ma_{pj} \times x_i - \sum_{j=1}^{2} p_{pj} \times ma_{pj} \times x_p$$
$$= 4 \times 0{,}3 \times 300.000 + 5 \times 0{,}7 \times 300.000$$
$$\quad - (4 \times 0{,}3 \times 330.000 + 5 \times 0{,}7 \times 330.000)$$
$$= 1.410.000 - 1.551.000 = -141.000 \text{ (U)}$$

Für Creme A und B ergeben sich folgende Teilwerte:

$$\begin{array}{llll} & p_{pj} \times ma_{pj} \times & (x_i - x_p) & \\ \text{A:} & 4 \times 0{,}3 \times (300.000 - 330.000) & = & -36.000 \text{ (U)} \\ \text{B:} & 5 \times 0{,}7 \times (300.000 - 330.000) & = & -105.000 \text{ (U)} \\ \hline \text{Gesamt:} & & & -141.000 \text{ (U)} \end{array}$$

Da das Ist-Absatzvolumen mit 300.000 Stück unter dem Plan-Absatzvolumen von 330.000 Stück liegt, ergibt sich insgesamt eine Ergebnisverschlechterung in Höhe von 141.000,– DM.

Zusammenfassend können die Bestandteile bzw. Ursachen der Umsatzabweichung in folgender Abbildung dargestellt werden:

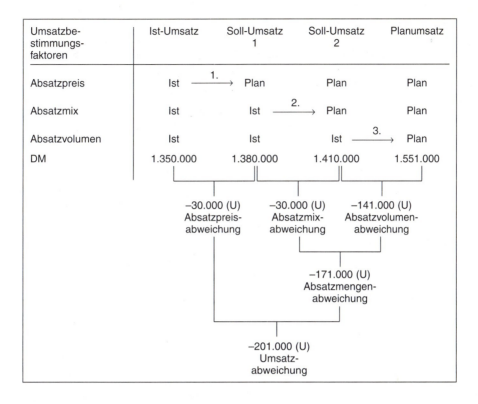

Aufgabe 15.2: Kostenabweichung

Für das Produkt B aus dem im Lehrbuch im Kapitel 15 Abschnitt A beschriebenen Beispiel gelten folgende Angaben in DM:

	Produkt B	
	Ist	Plan
Absatzvolumen in Stück	50.000	30.000
Umsatzerlöse	425.000 (p_{iB} = 8,50)	300.000 (p_{pB} = 10)
– variable Kosten	200.000 (k_{viB} = 4)	90.000 (k_{vpB} = 3)
= Deckungsbeitrag	225.000 (db_{iB} = 4,50)	210.000 (db_{pB} = 7)
– Fixkosten der Fertigung	130.000	120.000

Die variablen Stückkosten für das Produkt B wurden mit 3,– DM geplant. Darin sind Materialeinzelkosten in Höhe von 1,60 DM enthalten, die sich aus folgender Verbrauchsstruktur von drei Materialien C, D und E ergeben, die jeweils in einem Stück von Produkt B enthalten sind:

Einzelmaterial k	Bedarf pro 1 Stück Output	Ist-Preis/Stück p_{ik}	Planpreis/Stück p_{pk}
C	5 Stück	0,15 DM	0,20 DM
D	2 Stück	0,20 DM	0,15 DM
E	3 Stück	0,20 DM	0,10 DM

Entsprechend der dargestellten Verbrauchsstruktur ergeben sich zur Herstellung der Output-Menge von Produkt B folgende Ist-, Soll- und Plan-Verbrauchsmengen für die drei Materialien:

Einzelmaterial k	Ist-Verbrauch (in Stück) x_{ik}	Soll-Verbrauch (in Stück) x_{sk}	Planverbrauch (in Stück) x_{pk}
C	275.000	5 × 50.000 = 250.000	5 × 30.000 = 150.000
D	88.000	2 × 50.000 = 100.000	2 × 30.000 = 60.000
E	187.000	3 × 50.000 = 150.000	3 × 30.000 = 90.000
Σ = Gesamt-Input-Menge	550.000	500.000	300.000

a) Die Controllingabteilung möchte für Produkt B die (Material-)Kostenabweichung, die Veränderung der variablen Kosten, die Einsatzpreisabweichung und die globale Verbrauchsabweichung ermittelt haben. Wie können die jeweiligen Ergebnisse interpretiert werden?

b) Der Leiter der Controllingabteilung besteht für die globale Verbrauchsabweichung auf einer genaueren Analyse und kurzen Interpretation des Ergebnisses.

Lösung zu Aufgabe 15.2:

a) • Anhand der Angaben ergibt sich folgende (Material-)Kostenabweichung:

Kostenabweichung = Ist-Kosten − Plankosten

$$= \sum_{k=1}^{3} p_{ik} \times x_{ik} - \sum_{k=1}^{3} p_{pk} \times x_{pk}$$
$$= 0{,}15 \times 275.000 + 0{,}20 \times 88.000 + 0{,}20 \times 187.000$$
$$\quad - (0{,}20 \times 150.000 + 0{,}15 \times 60.000 + 0{,}10 \times 90.000)$$
$$= 96.250 - 48.000 = 48.250 \text{ (U)}^1$$

Die Ist-Kosten liegen über den Plankosten, so daß sich eine für das Ergebnis negative Kostenabweichung von 48.250,− DM ergibt, die sich aus den unterschiedlichen Kostenabweichungen der Einsatzfaktoren C, D und E wie folgt zusammensetzt:

	p_{ik}	×	x_{ik}	−	p_{pk}	×	x_{pk}		
C:	0,15	×	275.000	−	0,20	×	150.000	=	11.250 (U)
D:	0,20	×	88.000	−	0,15	×	60.000	=	8.600 (U)
E:	0,20	×	187.000	−	0,10	×	90.000	=	28.400 (U)
Gesamt:									48.250 (U)

Man sieht, daß der Einsatzfaktor E den größten Anteil an der ungünstigen Kostenabweichung (28.400,− DM ≈ 59 %) verursacht.

• Veränderung der variablen Kosten = Soll-Kosten 3 − Plankosten

$$= \sum_{k=1}^{3} p_{pk} \times x_{sk} - \sum_{k=1}^{3} p_{pk} \times x_{pk}$$
$$= 0{,}20 \times 250.000 + 0{,}15 \times 100.000 + 0{,}10 \times 150.000$$
$$\quad - (0{,}20 \times 150.000 + 0{,}15 \times 60.000 + 0{,}10 \times 90.000)$$
$$= 80.000 - 48.000 = 32.000 \text{ (U)}$$

Diese setzt sich aus den unterschiedlichen Veränderungen der variablen Kosten der Einsatzfaktoren C, D und E, wie folgt, zusammen:

	p_{pk}	×	x_{sk}	−	p_{pk}	×	x_{pk}		
C:	0,20	×	250.000	−	0,20	×	150.000	=	20.000 (U)
D:	0,15	×	100.000	−	0,15	×	60.000	=	6.000 (U)
E:	0,10	×	150.000	−	0,10	×	90.000	=	6.000 (U)
Gesamt:									32.000 (U)

---

[1] (U) bedeutet, daß die Einzelabweichung in ihrer Ergebniswirkung ungünstig zu beurteilen ist.
(G) bedeutet, daß die Einzelabweichung in ihrer Ergebniswirkung günstig zu beurteilen ist.

Man sieht, daß der Einsatzfaktor C den größten Anteil (20.000,– DM = 62,5 %) an der Abweichung hat.

- Einsatzpreisabweichung = Ist-Kosten – Soll-Kosten 1

$$= \sum_{k=1}^{3} p_{ik} \times x_{ik} - \sum_{k=1}^{3} p_{pk} \times x_{ik}$$

$$= 0{,}15 \times 275.000 + 0{,}20 \times 88.000 + 0{,}20 \times 187.000$$
$$- (0{,}20 \times 275.000 + 0{,}15 \times 88.000 + 0{,}10 \times 187.000)$$
$$= 96.250 - 86.900 = 9.350 \text{ (U)}$$

Aufgeteilt auf die drei Einsatzfaktoren ergibt sich:

$(p_{ik} - p_{pk}) \times x_{ik}$

C: $(0{,}15 - 0{,}20) \times 275.000 = -13.750$ (G)
D: $(0{,}20 - 0{,}15) \times 88.000 = 4.400$ (U)
E: $(0{,}20 - 0{,}10) \times 187.000 = 18.700$ (U)
Gesamt: 9.350 (U)

Bei Material C lag der Ist-Preis unter dem Planpreis. Die daraus resultierende Einsparung in Höhe von 13.750,– DM wurde jedoch durch die Verteuerungen der Materialien D und E überkompensiert, so daß aus der Einsatzpreisabweichung insgesamt eine Ergebnisverschlechterung in Höhe von 9.350,– DM resultiert.

- globale Verbrauchsabweichung = Soll-Kosten 1 – Soll-Kosten 3

$$= \sum_{k=1}^{3} p_{pk} \times x_{ik} - \sum_{k=1}^{3} p_{pk} \times x_{sk}$$

$$= 0{,}20 \times 275.000 + 0{,}15 \times 88.000 + 0{,}10 \times 187.000$$
$$- (0{,}20 \times 250.000 + 0{,}15 \times 100.000 + 0{,}10 \times 150.000)$$
$$= 86.900 - 80.000 = 6.900 \text{ (U)}$$

Die globale Verbrauchsabweichung beträgt bei den Materialeinzelkosten in Summe 6.900,– DM, d. h., für die Herstellung von Produkt B wurden mehr Einsatzfaktoren als geplant verbraucht. Sie teilt sich folgendermaßen auf:

$p_{pk} \times (x_{ik} - x_{sk})$

C: $0{,}20 \times (275.000 - 250.000) = 5.000$ (U)
D: $0{,}15 \times (88.000 - 100.000) = -1.800$ (G)
E: $0{,}10 \times (187.000 - 150.000) = 3.700$ (U)
Gesamt: 6.900 (U)

Dieser Mehrverbrauch von 6.900,– DM ist auf die Einsatzfaktoren C und E zurückzuführen (8.700,– DM). Bei Faktor D gibt es sogar eine leichte Einsparung (–1.800,– DM).

b) Die globale Verbrauchsabweichung läßt sich unter Berücksichtigung des Kostenbestimmungsfaktors Einsatzmix weiter in die Einsatzmixabweichung und eine Restabweichung aufteilen. Dabei ergeben sich für die Einsatzfaktoren C, D und E folgende Mixanteile:

Tatsächlicher Einsatzmix: Material C: $ma_{iC} = \dfrac{275.000}{550.000} = 0{,}50$

Material D: $ma_{iD} = \dfrac{88.000}{550.000} = 0{,}16$

Material E: $ma_{iE} = \dfrac{187.000}{550.000} = 0{,}34$

Geplanter Einsatzmix: Material C: $ma_{pC} = \dfrac{150.000}{300.000} = 0{,}50$

Material D: $ma_{pD} = \dfrac{60.000}{300.000} = 0{,}20$

Material E: $ma_{pE} = \dfrac{90.000}{300.000} = 0{,}30$

- Einsatzmixabweichung = Soll-Kosten 1 – Soll-Kosten 2

$$= \sum_{k=1}^{3} p_{pk} \times ma_{ik} \times x_i - \sum_{k=1}^{3} p_{pk} \times ma_{pk} \times x_i$$

= 0,20 × 0,50 × 550.000 + 0,15 × 0,16 × 550.000 + 0,10 × 0,34
× 550.000 – (0,20 × 0,50 × 550.000 + 0,15 × 0,20 × 550.000
+ 0,10 × 0,30 × 550.000)

= 86.900 – 88.000 = –1.100 (G)

Die Soll-Kosten 1 liegen unter den Soll-Kosten 2, so daß sich eine für das Ergebnis positive Einsatzmixabweichung von 1.100,– DM ergibt, die sich aus den unterschiedlichen Teilabweichungen der Einsatzfaktoren C, D und E wie folgt zusammensetzt:

	p_{pk}	×	(ma_{ik}	–	ma_{pk})	×	x_i		
C:	0,20	×	(0,50	–	0,50)	×	550.000	=	0
D:	0,15	×	(0,16	–	0,20)	×	550.000	=	–3.300 (G)
E:	0,10	×	(0,34	–	0,30)	×	550.000	=	2.200 (U)
Gesamt:									–1.100 (G)

Die Einsatzmixabweichung wird insgesamt negativ und führt damit zu einer Ergebnisverbesserung in Höhe von 1.100,– DM, da Material D weniger eingesetzt wurde. Demgegenüber steht ein Mehreinsatz des Faktors E, dessen Preis jedoch geringer ist als der Preis von D. Der Einsatzfaktor C verhält sich kostenneutral.

- Restabweichung = Soll-Kosten 2 – Soll-Kosten 3

$$= \sum_{k=1}^{3} p_{pk} \times ma_{pk} \times x_i - \sum_{k=1}^{3} p_{pk} \times ma_{pk} \times x_s$$

= 0,20 × 0,50 × 550.000 + 0,15 × 0,20 × 550.000 + 0,10 × 0,30
× 550.000 – (0,20 × 0,50 × 500.000 + 0,15 × 0,20 × 500.000
+ 0,10 × 0,30 × 550.000)

= 88.000 – 80.000 = 8.000 (U)

Für die Einsatzfaktoren C, D und E ergeben sich folgende Teilwerte:

$$p_{pk} \times ma_{pk} \times (x_i - x_s)$$

C: $0{,}20 \times 0{,}50 \times (550.000 - 500.000) = 5.000$ (U)

D: $0{,}15 \times 0{,}20 \times (550.000 - 500.000) = 1.500$ (U)

E: $0{,}10 \times 0{,}30 \times (550.000 - 500.000) = 1.500$ (U)

Gesamt: 8.000 (U)

Die Herstellung von Produkt B ist durch einen generell zu hohen Verbrauch gekennzeichnet. Insgesamt ergibt sich aus der Verbrauchsstruktur der drei Einsatzfaktoren eine Ergebnisverschlechterung von 8.000,– DM, deren Ursache z. B. in zu geringer Ausbeute, Schwund und weiteren, hier nicht näher analysierten Kostenbestimmungsfaktoren zu suchen ist.

Die Zusammenhänge zwischen den einzelnen Abweichungsarten sind in folgender Abbildung zusammengefaßt:

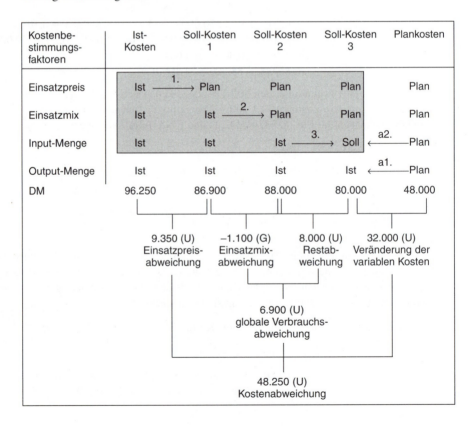

Aufgabe 15.3: Fixe Kostenabweichung

Die Various Overhead Inc. fertigt hochwertige optische Linsen. Dabei liegen für die Kostenstelle »Oberflächenvergütung« im Berichtsmonat die folgenden Plandaten vor:

Verwaltungskosten in der »Oberflächenvergütung«	800,– DM
lineare Abschreibung der Vergütungsmaschine	1.750,– DM
Versicherungsbeiträge	300,– DM
maximale Laufzeit der Maschine	1.750 h

Die tatsächlich eingetretene Situation ist durch folgende Sachverhalte gekennzeichnet:

Verwaltungskosten in der »Oberflächenvergütung«	1.100,– DM
lineare Abschreibung der Vergütungsmaschine	1.750,– DM
Versicherungsbeiträge	475,– DM
maximale Laufzeit der Maschine	1.250 h

Aufgrund der Differenzen zwischen Plan- und Ist-Daten ist die Unternehmensleitung an einer weitergehenden Untersuchung der Fixkosten interessiert.

a) Wie hoch ist die (reale) Fixkostenabweichung?

b) Welche Ergebnisse bringt eine Analyse der Auslastungssituation auf Basis einer Vollplankostenrechnung und auf Basis einer Grenzplankostenrechnung? Worin unterscheiden sich beide Ansätze?

c) Für welche der in b) berechneten Abweichungen könnte der Leiter der Kostenstelle »Oberflächenvergütung« verantwortlich gemacht werden?

Lösung zu Aufgabe 15.3:

a) Die geplanten Fixkosten der Kostenstelle »Oberflächenvergütung« ergeben sich aus der Summe der Verwaltungskosten, der Abschreibung und der Versicherungsbeiträge gemäß:

$$K_{fp} = 800 + 1.750 + 300 = 2.850,- \text{ DM}$$

Entsprechend sind die Ist-Fixkosten der »Oberflächenvergütung«:

$$K_{fi} = 1.100 + 1.750 + 475 = 3.325,- \text{ DM}$$

Die Fixkostenabweichung ergibt sich dann als Differenz zwischen den tatsächlich in einer Periode angefallenen fixen Ist-Kosten und den hierfür vorab vorgesehenen fixen Plankosten. Also gilt:

$$\text{Fixkostenabweichung} = K_{fi} - K_{fp} = 3.325 - 2.850 = 475,- \text{ DM}$$

b) In der Vollplankostenrechnung gibt die Beschäftigungsabweichung Aufschluß über die Auslastungssituation. Zu ihrer Ermittlung wird der fixe Plan-Kostensatz benötigt:

$$p_{fp} = \frac{K_{fp}}{b_p} = \frac{2.850}{1.750} \approx 1{,}62857 \text{ DM/h}$$

Damit ergibt sich die Beschäftigungsabweichung aus:

$$(b_p - b_i) \times p_{fp} = (1.750 - 1.250) \times 1{,}62857 \approx 814{,}29 \text{ DM}$$

Die Beschäftigungsabweichung ist ein Spezifikum der Vollplankostenrechnung und beruht auf der Proportionalisierung der Fixkosten bezüglich der Planbeschäftigung (b_p). Im Fall der Various Overhead Inc. liegt die Ist-Beschäftigung (b_i) unterhalb der Planbeschäftigung (b_p), wodurch zu wenig fixe Kosten auf die Produkte verrechnet werden. Die Beschäftigungsabweichung von 814,29 DM spiegelt folglich den Betrag wider, der wegen Unterschreitung der Planbeschäftigung nicht verrechnet worden ist. Die Beschäftigungsabweichung hat jedoch im Gegensatz zur oben ermittelten Fixkostenabweichung keinen Einfluß auf die Höhe der Ergebnisabweichung, da sie nicht als Unterschied zwischen effektiven Ist-Fixkosten und den vorab budgetierten Plan-Fixkosten einer Kostenstelle definiert ist, sondern lediglich auf die Verrechnung der budgetierten Fixkosten Bezug nimmt.

Bei einer Grenzplankostenrechnung treten Beschäftigungsabweichungen nicht auf, da die Fixkosten nicht in die Plankostenverrechnungssätze der betrachteten Kostenstelle einbezogen werden. Dennoch kann auch hier eine Analyse der Fixkosten mit Hilfe einer Leer- bzw. Nutzkostenbetrachtung erfolgen.

Die Leerkosten errechnen sich aus:

$$K_{fp} \times \left(1 - \frac{b_i}{b_p}\right) = 2.850 \times \left(1 - \frac{1.250}{1.750}\right) \approx 814{,}29 \text{ DM}$$

Die Nutzkosten bestimmen sich aus:

$$\text{Fixkosten} - \text{Leerkosten} = 2.850 - 814{,}29 = 2.035{,}71 \text{ DM}$$

oder direkt aus:

$$K_{fp} \times \frac{b_i}{b_p} = 2.850 \times \frac{1.250}{1.750} \approx 2.035{,}71 \text{ DM}$$

Die Leerkosten entsprechen im vorliegenden Fall betragsmäßig der Beschäftigungsabweichung, da für beide Rechnungen von einer identischen Kapazitätsplanung (b_p) ausgegangen wurde.

c) In der Regel wird der Kostenstellenleiter der »Oberflächenvergütung« nicht für die Beschäftigungsabweichungen oder Leerkosten verantwortlich zu machen sein, da der Beschäftigungsgrad außerhalb seines Einflußbereichs (z. B. durch die Aktivitäten des Vertriebs) determiniert wird. Fallen relativ hohe Beschäftigungsabweichungen bzw. Leerkosten über einen längeren Zeitraum hinweg an, so sind kapazitive Anpassungsmaßnahmen zu erwägen und gegebenenfalls einzuleiten.

16. Kapitel: Kostenkontrolle für Projekte

Aufgabe 16.1: Grafische Analyse

Über den Fortschritt eines Forschungs- und Entwicklungsprojekts liegen Ihnen am Ende des 12. Monats die nachfolgenden, anhand einer integrierten Kosten- und Leistungsanalyse erarbeiteten Angaben vor.

Das Gesamtbudget für das Forschungsvorhaben beträgt 450 TDM. Der Projektstart erfolgte zu Beginn des Monats 1, die geplante Projektdauer beträgt 24 Monate. Nachfolgende Abbildung zeigt die Entwicklung des Projekts bis zum Monat 12:

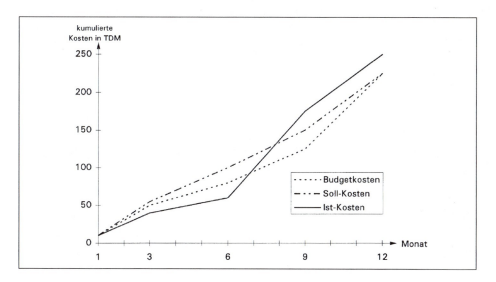

Wie ist der Verlauf des Entwicklungsprojekts aus der Sicht der integrierten Kosten- und Leistungsanalyse zu interpretieren?

Lösung zu Aufgabe 16.1:

Für den gesamten Betrachtungszeitraum bis zum 12. Monat gilt:

$$\begin{aligned} & \text{Soll-Kosten} - \text{Budgetkosten} > 0 \\ \Leftrightarrow \quad & SK - BK > 0 \\ \Leftrightarrow \quad & \text{Leistungsvarianz} > 0 \end{aligned}$$

Demnach schreitet das Entwicklungsprojekt schneller fort als ursprünglich geplant. Dieser Entwicklungsvorsprung wird jedoch im 12. Monat eingebüßt (SK – BK = 0).

Für die Monate 1–7 gilt:

$$\begin{aligned} &\text{Ist-Kosten} - \text{Soll-Kosten} < 0 \\ \Leftrightarrow\quad &\text{IK} - \text{SK} < 0 \\ \Leftrightarrow\quad &\text{Kostenvarianz} < 0 \end{aligned}$$

Dies deutet auf eine effizientere Projektrealisierung hin, d. h., der Leistungsfortschritt wird mit geringerem finanziellen Aufwand erreicht, als dafür vorgesehen war.

Ab dem Monat 8 gilt jedoch:

$$\begin{aligned} &\text{IK} - \text{SK} > 0 \\ \Leftrightarrow\quad &\text{Kostenvarianz} > 0 \end{aligned}$$

Offensichtlich verschlechterte sich ab dem Monat 6 die Effizienz der Projektbearbeitung so nachhaltig, daß die Ist-Kosten deutlich stärker anstiegen als die korrespondierenden Soll-Kosten und schließlich diese vom Monat 8 bis zum Ende des Betrachtungszeitraums übersteigen. Das Projekt ist im Monat 12 um ca.

$$\frac{250}{225} - 1 = 11\ \%$$

teurer als vorgesehen.

Aufgabe 16.2: Integrierte Kosten- und Leistungsanalyse

Für ein umfangreiches Entwicklungsprojekt aus dem Pharmabereich steht ein Gesamtbudget von 3.200 TDM zur Verfügung. Die Projektdauer ist auf 6 Monate angesetzt. Um Planung und Kontrolle des Vorhabens zu erleichtern, wurde das Projekt in 5 Arbeitspakete aufgespalten.

Die folgende Tabelle enthält die jeweils angesetzten Budgetkosten (BK) in TDM je Monat und Arbeitspaket (AP):

	Monat						AP-Budget
	1	2	3	4	5	6	
AP 1	200	300	200				700
AP 2		200	500				700
AP 3			400	400	200		1.000
AP 4					300	300	600
AP 5						200	200
BK	200	500	1.100	400	500	500	
BK$_{kumuliert}$	200	700	1.800	2.200	2.700	3.200	3.200

Bis zum 4. Monat ergaben sich die folgenden Ist-Kosten (IK) in TDM je Monat und Arbeitspaket:

	Monat				AP-Ist-Kosten
	1	2	3	4	
AP 1	300	400	100	100	900
AP 2		200	600		800
AP 3			300	300	600
AP 4					
AP 5					
IK	300	600	1.000	400	
IK$_{kumuliert}$	300	900	1.900	2.300	2.300

Die Verantwortlichen für die jeweiligen Arbeitspakete rechneten in den Monaten 1 bis 4 noch mit den in der folgenden Übersicht zusammengestellten Restkosten (RK) in TDM bis zum Abschluß des Entwicklungsvorhabens:

	Monat			
	1	2	3	4
AP 1	500	400	200	0
AP 2	700	600	0	0
AP 3	1.000	1.000	800	600
AP 4	600	600	600	600
AP 5	200	200	200	200
Σ RK	3.000	2.800	1.800	1.400

a) Wie ist der Projektstand des Entwicklungsprojekts im 4. Monat anhand einer Budgetanalyse zu beurteilen?

b) Welchen Einblick in die Projektgeschichte liefert eine integrierte Kosten- und Leistungsanalyse?

c) Welche grafische Darstellungsmöglichkeit beschreibt die Projektgeschichte?

Lösung zu Aufgabe 16.2:

a) Die Gesamtabweichung für das Entwicklungsprojekt errechnet sich aus:

$$GA = IK - BK$$

mit: GA = Gesamtabweichung
IK = Ist-Kosten
IK_i = Ist-Kosten des Arbeitspakets i
BK = Budgetkosten
BK_i = Budgetkosten des Arbeitspakets i

Die Ist-Kosten des Projekts belaufen sich im 4. Monat auf:

$$IK = \sum_{i=1}^{5} IK_i = 900 + 800 + 600 = 2.300 \text{ TDM}$$

Die Budgetkosten ergeben sich entsprechend aus:

$$BK = \sum_{i=1}^{5} BK_i = (200 + 300 + 200) + (200 + 500) + (400 + 400) + 0 + 0 = 2.200 \text{ TDM}$$

Für die Gesamtabweichung erhält man damit:

$$GA = IK - BK = 2.300 - 2.200 = 100 \text{ TDM}$$

Im momentanen Projektstand sind die Ist-Kosten größer als die Budgetkosten, d. h. es liegt eine Überziehung vor. Der Informationswert der Gesamtabweichung ist jedoch relativ gering, da die verstrichene Kalenderzeit und nicht der Leistungsfortschritt als Ausgangspunkt der Kostenkontrolle herangezogen wird.

b) Einen besseren Einblick in die Situation des Projekts gewährt eine Aufspaltung der Gesamtabweichung unter Einbeziehung von Soll-Kosten (SK):

$$\begin{aligned} GA &= IK - BK \\ &= IK - SK + SK - BK \\ &= (IK - SK) + (SK - BK) \\ GA &= \text{Kostenvarianz} + \text{Leistungsvarianz} \end{aligned}$$

Die Soll-Kosten kann man mit Hilfe des auf Basis von Restkosten bestimmten Realisierungsgrades wie folgt errechnen:

$$\begin{aligned} SK &= \sum_{i=1}^{n} RG_i \times BK_i \\ &= \sum_{i=1}^{n} \frac{BK_i - RK_i}{BK_i} \times BK_i \\ &= \sum_{i=1}^{n} BK_i - RK_i \end{aligned}$$

mit: RG_i = Realisationsgrad des Arbeitspakets i
RK_i = Restkosten des Arbeitspakets i

Die Soll-Kosten des Projekts im 4. Monat ergeben sich demnach aus:

$$SK = \sum_{i=1}^{5} BK_i - RK_i = 3.200 - 1.400 = 1.800 \text{ TDM}$$

Damit erhält man:

$$KV = IK - SK = 2.300 - 1.800 = 500 \text{ TDM}$$
$$LV = SK - BK = 1.800 - 2.200 = -400 \text{ TDM}$$

Die positive Kostenvarianz (KV) von 500 TDM signalisiert, daß das Projekt aufgrund von Unwirtschaftlichkeiten teurer ist als ursprünglich für den aktuellen Projektstand geplant.

Die negative Leistungsvarianz (LV) von −400 TDM weist auf zeitliche Verzögerungen im Projektfortschritt hin.

Erst durch die Aufspaltung der (relativ) kleinen Gesamtabweichung von 100 TDM in eine Wertkomponente (Kostenvarianz) und eine Mengenkomponente (Leistungsvarianz) werden deutliche Problembereiche des Projekts offensichtlich.

c) Zur grafischen Veranschaulichung der Projektgeschichte werden die Soll-Kosten für die Monate 1 bis 4 benötigt. Mit dem bereits oben für den 4. Monat vorgestellten Berechnungsweg ergeben sich für die einzelnen Monate die nachfolgenden Soll-Kosten:

1. Monat:
SK = (700 − 500) + (700 − 700) + (1.000 − 1.000) + (600 − 600) + (200 − 200) = 200
2. Monat:
SK = (700 − 400) + (700 − 600) + (1.000 − 1.000) + (600 − 600) + (200 − 200) = 400
3. Monat:
SK = (700 − 200) + (700 − 0) + (1.000 − 800) + (600 − 600) + (200 − 200) = 1.400

Die grafische Darstellung der kumulierten Ist- bzw. Budgetkosten und der aus den verfügbaren Daten errechneten Soll-Kosten ergibt folgendes Bild:

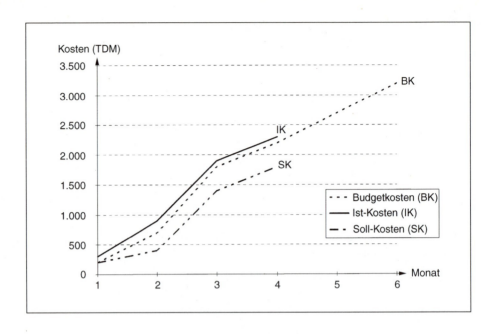

Fünfter Teil:

Kostenmanagement

17. Kapitel: Target Costing und Product Life Cycle Costing

Aufgabe 17.1: Bestimmung der »allowable costs«

Die Netz & Smash AG hat für die Entwicklung ihres neuen Sportschuhmodells »Jessica« eine Kundenbefragung zur Ausgestaltung des Schuhtyps durchgeführt. Diese Kundenbefragung lieferte für das Modell »Jessica« die folgenden Produktfunktionen und deren Gewichtung aus Kundensicht:

Farbe	25 %
Gewicht	10 %
Haltbarkeit	10 %
Form	35 %
Verschlußtechnik	20 %
Summe	100 %

Gleichzeitig wurde eine Preisbefragung durchgeführt, die als idealen Einführungspreis am Markt 250,– DM pro Schuhpaar ergab. Die vom Unternehmen angestrebte Umsatzrendite beträgt 20 %.

Der Beitrag der einzelnen Produktkomponenten zur Erfüllung der gewünschten Kundenfunktionen kann der nachfolgenden Tabelle entnommen werden:

Funktionen / Komponenten	Farbe	Gewicht	Haltbarkeit	Form	Verschluß-technik
Obermaterial	80 %	30 %	30 %	10 %	30 %
Innenmaterial	20 %	20 %	10 %		
Sohle		35 %	30 %	40 %	
Schnürung		10 %		40 %	70 %
Verbindung Sohle/Obermaterial		5 %	30 %	10 %	
Summe	100 %	100 %	100 %	100 %	100 %

a) Auf welche Höhe belaufen sich die »allowable costs« pro Paar?

b) Wie hoch sind die »allowable costs« je Funktion und je Komponente des Modells?

Lösung zu Aufgabe 17.1:

a) Die »allowable costs« pro Schuh errechnen sich aus dem idealen Einführungspreis abzüglich der gewünschten Umsatzrendite von 20 % des Preises:

	Preis	250,– DM
–	Umsatzrendite (20 %)	50,– DM
=	»allowable costs«	200,– DM

b) Die »allowable costs« je Funktion ergeben sich aus der Funktionsgewichtung multipliziert mit den »allowable costs«:

Farbe	0,25 × 200	=	50,– DM
Gewicht	0,1 × 200	=	20,– DM
Haltbarkeit	0,1 × 200	=	20,– DM
Form	0,35 × 200	=	70,– DM
Verschlußtechnik	0,2 × 200	=	40,– DM
			200,– DM

Durch die Kombination der Funktionsgewichtung und dem Anteil der Komponenten an der Erfüllung der Funktionen lassen sich die Nutzenanteile der einzelnen Komponenten bestimmen:

Funktionen Komponenten	Farbe	Gewicht	Haltbarkeit	Form	Verschluß- technik	Nutzenanteil der Kom- ponente
Obermaterial	20 %	3 %	3 %	3,5 %	6 %	35,5 %
Innenmaterial	5 %	2 %	1 %			8 %
Sohle		3,5 %	3 %	14 %		20,5 %
Schnürung		1 %		14 %	14 %	29 %
Verbindung Sohle/Obermaterial		0,5 %	3 %	3,5 %		7 %
Nutzenanteil der Funktion	25 %	10 %	10 %	35 %	20 %	100 %

Die »allowable costs« je Komponente ergeben sich aus der Multiplikation des Nutzenanteils der Komponente mit den »allowable costs«:

Obermaterial	0,355 × 200	=	71,– DM
Innenmaterial	0,08 × 200	=	16,– DM
Sohle	0,205 × 200	=	41,– DM
Schnürung	0,29 × 200	=	58,– DM
Verbindung	0,07 × 200	=	14,– DM
			200,– DM

Aufgabe 17.2: Umsatzprognose und Rentabilitätsmaß

Der Geschäftsführer der Netz & Smash AG hat ohne Rücksprache mit seinem Controllingberater innerhalb eines Target Costing-Projekts für das Tennisschuhmodell »Boris« eine neue Produktions- und Verpackungsanlage gekauft, die zu einer enormen Senkung der Produktionskosten für das Modell »Boris« führt. Die Maschine, die zum 01.01.01 beschafft wurde, hat 1.000.000,– DM gekostet und wird über 5 Jahre linear abgeschrieben. Die Produktion des Schuhmodells »Boris« lief zum 01.01.01 an. Die angestrebte Umsatzrendite beträgt 10 %.

Bei der Umsatzprognose für das Target Costing ging man von einem Gesamtabsatz über einen 5-Jahreszeitraum von 50.000 Schuhpaaren zu einem durchschnittlichen Preis von je 100,– DM aus. Im Jahr 01 sollten dabei 10.000 Schuhpaare des Modells »Boris« zu einem Preis von je 110,– DM abgesetzt werden. Am Ende des Jahrs 01 stellte sich jedoch heraus, daß insgesamt 11.000 Schuhpaare zu einem durchschnittlichen Preis von je 90,– DM produziert und abgesetzt wurden. Das Kostenmanagement konnte den Kostenanfall so steuern, daß die geplante Umsatzrendite von 10 % eingehalten wurde.

a) Wie groß ist die Differenz zwischen dem tatsächlichen und dem geplanten Gewinn des Jahrs 01?

b) Welche Auswirkungen ergeben sich durch die veränderte tatsächliche Umsatzsituation im Jahr 01 für die »allowable costs« pro Stück unter der Annahme, daß die Plandaten für die Jahre 02 bis 05 weiterhin Gültigkeit haben werden? Wie ist das Ergebnis zu interpretieren?

c) Wie hoch ist der Anteil an der Umsatzabweichung in 01, der sich aus der abweichenden Absatzmenge ergibt, wenn der geplante Preis zugrundegelegt wird?

d) Wie hoch ist der Anteil an der Umsatzabweichung in 01, der sich aus dem abweichenden Preis ergibt, wenn die geplante Absatzmenge zugrundegelegt wird?

e) Warum stimmt die Summe aus Absatzmengenabweichung (aus c)) und Absatzpreisabweichung (aus d)) nicht mit der Differenz aus tatsächlichem und geplantem Umsatz in 01 überein?

Der Controllingberater ist mit der Situation des Produkts »Boris« nur halbwegs zufrieden, da zwar die Umsatzrendite eingehalten wurde, aber die von ihm für wichtiger gehaltene betriebsinterne RoI-Zielsetzung von 10 % nicht erreicht wurde. Das im Jahr 01 durchschnittlich gebundene Vermögen betrug (ohne die neu beschaffte Maschine) 1.080.000,– DM.

f) Wie hoch hätte das durchschnittlich gebundene Vermögen des Jahrs 01 sein dürfen, damit unter den oben genannten Planannahmen der Ziel-RoI von 10 % erreicht worden wäre?

g) Wie hoch ist der tatsächliche RoI des Jahrs 01?

h) Welcher Parameter wurde bei der Entscheidung zum Kauf der neuen Maschine nicht berücksichtigt?

Lösung zu Aufgabe 17.2:

a) Tatsächlicher Gewinn = Ist-Absatzmenge × Ist-Preis × Ist-Umsatzrendite
   = 11.000 × 90 × 0,1 = 99.000,– DM

Geplanter Gewinn = Plan-Absatzmenge × Plan-Preis × Plan-Umsatzrendite
   = 10.000 × 110 × 0,1 = 110.000,– DM

Die Differenz zwischen dem tatsächlichen und dem geplanten Gewinn beträgt –11.000,– DM.

b) Die geplanten »allowable costs« ergeben sich aus dem geplanten Gesamtumsatz für den 5-Jahreszeitraum wie folgt:

Gesamtumsatz (50.000 × 100)	5.000.000,– DM
– Umsatzrendite (10 %)	500.000,– DM
= geplante »allowable costs«	4.500.000,– DM

$$\text{Geplante »allowable costs« pro Stück} = \frac{4.500.000}{50.000} = 90,- \text{ DM}$$

Aufgrund der abweichenden Absatzentwicklung im Jahr 01 erhält man die folgenden angepaßten »allowable costs«:

Gesamtumsatz (50.000 × 100)	5.000.000,– DM
– in 01 geplanter Umsatz (10.000 × 110)	1.100.000,– DM
+ in 01 realisierter Umsatz (11.000 × 90)	990.000,– DM
– Umsatzrendite (10 %)	500.000,– DM
= angepaßte »allowable costs«	4.390.000,– DM

Angepaßte »allowable costs« pro Stück

$$= \frac{\text{angepaßte »allowable costs«}}{\text{Gesamtabsatz – in 01 geplanter Absatz + in 01 realisierter Absatz}}$$

$$= \frac{4.390.000}{50.000 - 10.000 + 11.000} \approx 86{,}08 \text{ DM}$$

Die an die 10 %ige Umsatzabweichung im Jahr 01 angepaßten »allowable costs« pro Stück liegen demnach um ca. 4,4 % unterhalb der ursprünglich geplanten »allowable costs« pro Stück. Dies zeigt exemplarisch die Abhängigkeit des Target Costing-Ansatzes von der Güte und Zuverlässigkeit der ursprünglichen Umsatzprognose, insbesondere für den Fall, daß die »allowable costs« als Grundlage für die Entwicklung eines an dem Kundennutzen orientierten Produkts eingesetzt werden sollen.

c) Mengeninduzierte Umsatzabweichung = Absatzmengenabweichung × Plan-Preis
= 1.000 × 110
= 110.000,– DM

d) Preisinduzierte Umsatzabweichung = Plan-Absatzmenge × Preisabweichung
= 10.000 × (–20)
= –200.000,– DM

e) Die Differenz aus geplantem Umsatz und tatsächlichem Umsatz beträgt:

in 01 realisierter Umsatz	990.000,– DM
– in 01 geplanter Umsatz	1.100.000,– DM
= Umsatzabweichung	–110.000,– DM

Die Addition der mengeninduzierten und der preisinduzierten Umsatzabweichung ergibt:

mengeninduzierte Umsatzabweichung	110.000,– DM
+ preisinduzierte Umsatzabweichung	–200.000,– DM
= Differenz	–90.000,– DM

Die Differenz dieser beiden Zahlen entsteht durch eine Sekundärabweichung in Höhe von:

Sekundärabweichung = Absatzmengenabweichung × Preisabweichung
= 1.000 × (–20)
= –20.000,– DM

f) Da der geplante Gewinn im Jahr 01 110.000,– DM ist (siehe Teilaufgabe a)), darf das Vermögen maximal 1.100.000,– DM betragen, um die Planannahme des RoI von 10 % zu erfüllen.

g) Der tatsächliche Gewinn im Jahr 01 beträgt 99.000,– DM. Das durchschnittlich gebundene Kapital beträgt:

bisheriges Vermögen	1.080.000,– DM
+ neuangeschaffte Maschine	900.000,– DM
= gebundenes Kapital	1.980.000,– DM

Entsprechend ergibt sich für den tatsächlichen RoI:

$$RoI = \frac{Gewinn}{Umsatz} \times \frac{Umsatz}{Kapital} = \frac{99.000}{990.000} \times \frac{990.000}{1.980.000} = 5{,}0 \%$$

h) Bei der Entscheidung für den Kauf der neuen Maschine wurde der verschlechterte Vermögensumschlag durch die damit einhergehende erhöhte Kapitalbindung nicht berücksichtigt.

Fallstudie: Pedalo AG*

Hans Müller, Vorstandsvorsitzender der Pedalo AG, schaute aus dem Fenster seines Büros. Er machte sich Sorgen um die zukünftige Ertragslage seines Unternehmens. In Gedanken war er noch bei der letzten Vorstandssitzung, auf der u. a. die Entwicklung eines neuen Fahrradmodells diskutiert und beschlossen worden war. Von dem neuen Modell erhoffte man sich nicht nur eine Abrundung der Programmpalette, sondern auch ein ertragsstarkes Produkt, das beim Kunden auf gute Resonanz stößt.

Um den Markterfolg sicherzustellen, hatte man im August eine Marktstudie in Auftrag gegeben, um die aus Kundensicht gewünschten Funktionen und Eigenschaften von Fahrrädern zu bewerten. Die Ergebnisse dieser Kundenbefragung waren Gesprächsgegenstand auf der Sitzung gewesen (vgl. Anlage 1).

Das Unternehmen

Die Pedalo AG ist ein renommierter Universalhersteller von Fahrrädern mit Sitz in Dortmund. Sie produziert verschiedene Modelle (Mountain-Bikes, Rennräder, Tandems, Damen-, Herren- und Kinderfahrräder etc.) und ist insbesondere für ihre qualitativ hochwertigen Produkte (»Made in Germany«) bekannt. Aufgrund ihres guten Markennamens und der exzellenten Qualität konnte die Pedalo AG bis vor drei Jahren überdurchschnittliche Preise am Markt durchsetzen. Seitdem hatte die Intensität des Wettbewerbs erheblich zugenommen. In der Konkurrenzanalyse war zu beobachten, daß verstärkt fernöstliche Anbieter mit qualitativ guten aber zugleich auch preiswerten Fahrradmodellen auf den deutschen Markt drängten und zunehmend Marktanteile für sich gewinnen konnten.

Um unter diesen verschärften Wettbewerbsbedingungen trotzdem weiterhin erfolgreich zu sein, hatte sich die Pedalo AG eine konsequente Kundenorientierung auf die Fahnen geschrieben. Dies äußerte sich nicht nur in einer ansprechenden Werbung sondern auch in einem guten Kundenservice, professionellem Beschwerdemanagement etc. Weniger kundenorientiert wurde bislang allerdings im internen Rechnungswesen gedacht. Die Produkte wurden traditionell nach dem Kosten-Plus-Schema auf Vollkostenbasis kalkuliert. Otto Erbsig, der den Controllingbereich leitete, machte seinem Namen alle Ehre und förderte – zumindest aus Sicht des Marketing – die »Erbsenzählerei«.

Target Costing

Der Wettbewerbsdruck gab jedoch Anlaß, traditionelle Methoden in Frage zu stellen. Als ein Querdenker war insbesondere der Assistent des Vorstandsvorsitzenden, Lukas Wessel, berüch-

---

* Überarbeitete Version des USW-Falls Nr. 254–95
 © Universitätsseminar der Wirtschaft. Erarbeitet von Prof. Dr. A. G. Coenenberg, Dr. T. M. Fischer und Dr. J. Schmitz.

tigt. Er hatte erst vor kurzem sein BWL-Studium abgeschlossen und seinen Chef Hans Müller auf das Target Costing hingewiesen, das, so war Wessel überzeugt, die Probleme der Pedalo AG lösen könne. Dieses in Deutschland noch wenig bekannte Konzept hätte in Japan bereits breite Anwendung in der Praxis gefunden und zu dem Markterfolg der Japaner maßgeblich beigetragen. Das Argument, daß »die Kosten so einzusetzen seien, wie dies dem Kundenwunsch entspreche« klang für Müller überzeugend. Auch war er der Meinung, daß sich weitere Kostensteigerungen nicht mehr wie bisher üblich auf den Kunden überwälzen ließen und daß deshalb eine kostenorientierte Produktentwicklung unabdingbar sei.

Er hatte deshalb die Idee des Target Costing in die Vorstandsrunde eingebracht. Sie war dort allerdings auf heftigen Widerstand von Erbsig gestoßen, der bemerkte, daß er natürlich schon vor einiger Zeit auf einem Fachkongreß vom Target Costing gehört habe, jedoch überzeugt sei, daß dieses Konzept, da es aus Japan stamme, in Deutschland nicht anwendbar sei. Außerdem sei auf dem Fachkongreß von Umsetzungsschwierigkeiten in der Praxis berichtet worden. Trotz der Bedenken von Erbsig hatte sich im Vorstand eine Mehrheit gefunden, dieses neue Konzept bei der Pedalo AG einzuführen. Müller versprach sich dadurch auch eine bessere Kommunikation und Zusammenarbeit zwischen den verschiedenen Ressorts, denn diese müßten beim Target Costing, so hatte ihm sein Assistent Wessel erklärt, intensiv zusammenarbeiten.

Das neue Modell

Nachdem die Marktforschungsergebnisse vorlagen, wurde auf der Vorstandssitzung nach kurzer Diskussion eine grundsätzliche Entscheidung für die Aufnahme eines neuen Fahrradmodells in das Produktportfolio getroffen. Schwieriger war die Einigung auf eine der drei in die engere Wahl gezogenen Modellvarianten. Marketingvorstand Dr. Lange plädierte für Modell 1, da dies den maximalen Kundennutzen stiften würde. Erbsig hielt dem jedoch entgegen, daß dieses Modell seiner Schätzung nach auch mit sehr starken Kostenerhöhungen verbunden sei. Da es sich um eine Neuproduktentwicklung handelte, erschien es Erbsig problematisch, zu jeder Änderung einer Funktionsausprägung auch die damit verbundene Kostenveränderung zu ermitteln, denn die Kostenstrukturen sollten ja erst durch den Prozeß des Target Costing gestaltet werden. Obwohl dies seiner erbsigen Genauigkeit selbst zuwider war, konnte er nur nach bestem Wissen und Gewissen eine qualitative Aussage bezüglich der unterschiedlichen Ressourcenbeanspruchung infolge einer geänderten Funktionsausprägung machen. Folgende Tabelle zeigt die Teilnutzenwerte und Kostenwirkungen verschiedener Fahrradmodelle:

Funktion	Modell 1		Modell 2		Modell 3	
	Teilnutzen-wert	Kosten-wirkung	Teilnutzen-wert	Kosten-wirkung	Teilnutzen-wert	Kosten-wirkung
Gewicht	0,650	++	0,250	o	0,250	o
Laufruhe/Komfort	0,550	++	0,325	+	0,200	o
Sicherheit	1,000	++	1,000	++	0,600	+
Design	0,425	+	0,425	+	0,145	o
Zuverlässigkeit	0,500	++	0,500	++	0,110	o
Summe	3,125	++	2,500	+	1,305	o

++: starke Kostenzunahme; +: mittlere Kostenzunahme; o: keine Kostenzunahme

Da auch Müller eine ungefähre Größenordnung wissen wollte, schätzte Erbsig, ohne sich auf den Pfennig genau festlegen zu wollen, daß die Produktionskosten für Modell 2 um ca. 400,– DM billiger seien als die von Modell 1, die von Modell 3 wiederum ca. 500,– DM niedriger als die von Modell 2. Nach einigen Diskussionen, bei denen Dr. Lange immer wieder die Kostenschätzung von Erbsig in Frage stellte, einigte man sich auf das Modell 2 (Unisex). Als Kompromiß wurde vereinbart, daß das Modell jedoch nur dann endgültig in den Markt eingeführt werden sollte, wenn die vom Markt maximal erlaubten Kosten (»allowable costs«) auch erreicht werden könnten. Dabei bestand Müller darauf, daß eine Umsatzrendite von 15 % zugrunde gelegt werden müsse, um die Ertragslage des Unternehmens zu stärken.

Erbsig hatte daraufhin den Auftrag bekommen, in enger Abstimmung mit der Konstruktionsabteilung für diese Modellvariante auf Basis des Rohentwurfs die Herstellkosten der Komponenten (auf Vollkostenbasis) aufgrund derzeitiger Produkt- und Prozeßtechnologien zu schätzen (»drifting costs«) (vgl. Anlage 2). Hierbei orientierte er sich vor allem an Erfahrungswerten von Vorgängermodellen.

Dr. Lange ließ in seiner Abteilung die potentielle Absatzmenge und den Preis ermitteln (vgl. Anlage 3).

In einem Team mit Vertretern aus Controlling, Marketing, Konstruktion und Fertigung setzte man sich zusammen und überlegte, mit welchem Anteil nun die einzelnen Komponenten an der Erfüllung der vom Kunden gewünschten Eigenschaften (Funktionen) beteiligt seien. Das Resultat dieser äußerst turbulenten Sitzung lag Müller bereits vor. Es ist in folgender Komponenten-/Funktionen-Matrix abgebildet:

Funktionen / Komponenten	Gewicht	Laufruhe/ Komfort	Sicherheit	Design	Zuverlässigkeit
Bremssystem			50,0 %		25,0 %
Rahmen	80,0 %	77,0 %	12,5 %	29,5 %	25,0 %
Schaltung			12,5 %	29,5 %	25,0 %
Beleuchtung			12,5 %	11,5 %	
Sonstiges	20,0 %	23,0 %	12,5 %	29,5 %	25,0 %

Auf der nächsten Vorstandssitzung sollten die ersten Ergebnisse des Target Costing Prozesses vorliegen. Müller war überzeugt, daß der richtige Weg eingeschlagen worden war: eine kundenorientierte Produktentwicklung mit frühzeitiger Kostenbeeinflussung. Fraglich war nur, ob die Kosten gesenkt werden müßten und wie dies ggf. geschehen sollte.

Anlage 1

MaFo GmbH
Höhenweg 15 a
47447 Moers

Pedalo AG
– Vorstand Marketing –
Postfach 47 11
44227 Dortmund

Ihr Marktforschungsauftrag

Sehr geehrter Herr Dr. Lange,

gemäß Ihrem Auftrag haben wir eine Kundenbefragung und Marktanalyse für Fahrräder durchgeführt. Dabei haben wir mit den Funktionen und Funktionsausprägungen, die wir zusammen mit Ihrem Management auf der Basis von einigen Interviews mit Kunden festgelegt hatten, eine Conjoint Measurement Analyse durchgeführt.

Die aus Kundensicht zu bewertenden Kriterien und deren Ausprägungen, die von Ihnen als technisch und wirtschaftlich realisierbar betrachtet wurden, sind:

Funktion	Funktionsausprägung
Gewicht	(8 kg, 10 kg, 12 kg)
Laufruhe/Komfort	(hoch, mittel, niedrig)
Sicherheit	(hoch, mittel, niedrig)
Design	(Unisex-Form, Damen-/Herrenrad)
Zuverlässigkeit	(hoch, mittel, niedrig)
Preis	(900,– DM, 1.100,– DM, 1.300,– DM)

Im Durchschnitt der von uns befragten Kunden konnten wir, bezogen auf oben genannte Eigenschaften und deren Ausprägungen, folgende Teilnutzenwerte ermitteln:

Funktion	Teilnutzenwert	Nutzenbereich
Gewicht	(0,65; 0,45; 0,25)	0,40
Laufruhe/Komfort	(0,55; 0,325; 0,2)	0,35
Sicherheit	(1,0; 0,6; 0,0)	1,00
Design	(0,425; 0,145)	0,28
Zuverlässigkeit	(0,5; 0,35; 0,11)	0,39
Preis	(0,9; 0,5; 0,1)	0,80

Hierdurch wird ersichtlich, wie wichtig die einzelnen Produktfunktionen und ihre Ausprägungen von den Kunden beurteilt werden. Der Nutzenbereich gibt die Differenz der maximalen und minimalen Teilnutzenwerte einer Funktion an.

Den sich aus den Teilnutzenwerten ergebenden Funktionsverlauf verdeutlicht nachfolgende Abbildung exemplarisch für die beiden Funktionen »Sicherheit« und »Preis«. Die Unterschiede in der Preisbereitschaft bei den einzelnen Modellen ergeben sich aus der gemittelten linearen Teilnutzenfunktion des Preises ($p = 1.350 - 500 \times n$; p = Preis, n = Nutzen).

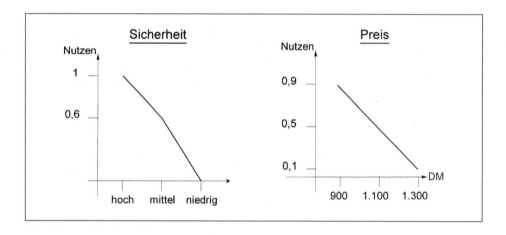

Wir hoffen, Ihnen mit diesen Marktforschungsergebnissen die für Ihre Produktentscheidung notwendigen Informationen gegeben zu haben, und verbleiben

mit freundlichen Grüßen

Dr. Lutz Horstmann
Geschäftsführer MaFo GmbH

Anlage 2

Notiz

Von: Otto Erbsig, Vorstand Controlling
An: Herrn Müller, Vorstandsvorsitzender
Kopie an: Herrn Dr. Lange, Vorstand Marketing
Wegen: **Kostenschätzung Modellvariante 2 (Unisex)**

Sehr geehrter Herr Müller,

wie auf unserer letzten Sitzung besprochen, habe ich für die aus dem vorliegenden Rohentwurf des Modells 2 abgeleiteten Komponenten die Herstellkosten auf Vollkostenbasis schätzen lassen. Wir kamen dabei zu folgenden Ergebnissen:

Bremssystem	375,– DM	25 %
Rahmen	300,– DM	20 %
Schaltung	375,– DM	25 %
Beleuchtung	75,– DM	5 %
Sonstiges	375,– DM	25 %
Summe »drifting costs«	1.500,– DM	100 %

Neben den Kosten der Herstellung müssen wir gemäß unserer sorgfältigen Schätzung während des Produktlebenszyklusses noch mit Gemeinkosten für Entwicklung, Verwaltung und Vertrieb in Höhe von insgesamt 1.200.000,– DM rechnen.

Mit verbindlichem Gruß

Otto Erbsig
Vorstand Controlling

Anlage 3

Memo

An: Dr. Lange
Von: Boris Herrmann

Sehr geehrter Herr Dr. Lange,

auf der Basis des vom Vorstand beschlossenen Produktprofils für das neue Fahrradmodell haben wir in Zusammenarbeit mit der MaFo GmbH empirisch eine Preis-Absatz-Funktion ermittelt. Da wir natürlich einen möglichst hohen Gewinn erzielen wollen, sollten wir unseren Berechnungen zufolge eine potentielle Absatzmenge von 12.000 Stück bei einem Preis von 1.000,– DM anstreben.

Boris Herrmann
(Marketingassistent)

Aufgabenstellung:

a) Warum wird beim Target Costing üblicherweise (so auch hier) die Umsatzrendite zur Bemessung der Gewinnspanne benutzt?

b) Wie hoch sind die maximal zulässigen Kosten (»allowable costs«) insgesamt und pro Stück, die von der Pedalo AG erreicht werden müssen? Ergibt sich ein Kostenreduktionsbedarf?

c) Warum wurde das Modell 2 unter Kosten-/Nutzenaspekten als optimal betrachtet?

d) Wie wird auf Basis der Kundenanforderungen eine Zielkostenspaltung durchgeführt?

e) Wie stellen sich die einzelnen Komponenten im Zielkostenkontrolldiagramm dar? Wie ist dieses zu interpretieren?

f) Wie stellt sich die Situation im erweiterten Zielkostenkontrolldiagramm dar? Welche zusätzlichen Erkenntnisse können daraus abgeleitet werden?

g) Welchen Aufschluß ergibt die Analyse der im Zielkostenkontrolldiagramm dokumentierten Abstände zur »Ideallinie«?

Lösung zur Fallstudie Pedalo AG:

a) Grundsätzlich kommen die Umsatz- und die Kapitalrendite in Frage. Erstere hat den Vorteil, daß die notwendige Bezugsgröße, der Marktpreis, bereits beim Target Costing ermittelt wird. Bei der Kapitalrendite müßte das in einer Produkteinheit gebundene Kapital separat ermittelt werden, was in der Praxis insbesondere bei umfangreichen Produktionsprogrammen Schwierigkeiten bereitet. Nachteilig ist die Verwendung der Umsatzrendite insofern, als die zur Verzinsung des eingesetzten Kapitals erforderliche Kapitalumschlagshäufigkeit keine Berücksichtigung findet. Zusätzliche Managementwerkzeuge, wie z. B. Just-in-time-Konzepte, müssen deshalb die Umsatzrendite als Erfolgsmaßstab ergänzen und den zur Erzielung der gewünschten Kapitalrendite erforderlichen Kapitalumschlag garantieren.

b) Ermittlung der »allowable costs i. w. S.«:

Umsatzerlöse (12.000 Stück × 1.000,– DM/Stück)	12.000.000,– DM
– Zielrendite (15 %)	1.800.000,– DM
= »allowable costs i. w. S.«	10.200.000,– DM

Ermittlung der »allowable costs i. e. S.«:

»allowable costs i. w. S.«	10.200.000,– DM
– Kosten der GK-Bereiche	1.200.000,– DM
= »allowable costs i. e. S.«	9.000.000,– DM

Bei einer potentiellen Gesamtabsatzmenge von 12.000 Stück (vgl. Anlage 3) ergeben sich Ziel-Herstellkosten (»allowable costs i. e. S.«) in Höhe von 750,– DM/Stück. Da die derzeitigen Standard-Herstellkosten (»drifting costs«) 1.500,– DM betragen, ergibt sich ein Kostenreduktionsbedarf von 50 %.

c) Die Entscheidung für Modell 2 ergab sich aus einer Kosten-/Nutzen-Abwägung. Aus den über alle Befragten gemittelten Teilnutzenwerten für die relevanten Eigenschaften eines Produkts kann abgeleitet werden, wie wichtig die einzelnen Produktfunktionen und ihre Ausprägungen beurteilt werden.

Wird der Preis als Funktion aufgenommen oder zu jedem Produktprofil die Preisbereitschaft erfragt, besteht die Möglichkeit, die direkte Preisbereitschaft für eine Ausprägungsänderung bei den einzelnen Funktionen zu ermitteln. Somit wird eine Änderung von Ausprägungen der einzelnen Funktionen mit einer konkreten Preisänderung bewertbar und unterstützt die Auswahl einer optimalen Produktkonfiguration. Die Preisbereitschaft für die Änderung einer Funktionsausprägung ergibt sich durch die Teilnutzenwerte der Funktion »Preis« (vgl. nachstehende Abbildung). Eine Preisänderung von 900,– DM auf 1.100,– DM wird mit einem Nutzenabschlag von 0,4 bewertet. Wird eine lineare Teilnutzenfunktion des Preises unterstellt, so entspricht die Änderung eines Nutzenanteils von 0,1 entsprechend einer Erlösänderung von 50,– DM. Bezogen auf das Beispiel in folgender Abbildung bedeutet eine Reduzierung der Sicherheit von »hoch« auf »mittel«, daß die Preisbereitschaft dadurch um 200,– DM sinkt.

Nachfolgende Abbildung zeigt die Preisbereitschaft und Änderung einer Funktionsausprägung:

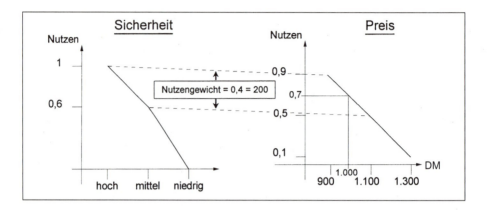

Demgemäß ergeben sich folgende Nutzen- bzw. Preisdifferenzen zwischen den drei Modellen:

Modell 1 zu Modell 2 (Nutzendifferenz 0,625) $\Rightarrow$ Preisdifferenz: –312,50 DM
Modell 2 zu Modell 3 (Nutzendifferenz 1,195) $\Rightarrow$ Preisdifferenz: –597,50 DM
Modell 1 zu Modell 3 (Nutzendifferenz 1,820) $\Rightarrow$ Preisdifferenz: –910,– DM

Diese Änderungen in der Preisbereitschaft sind durch die damit korrespondierenden Kostenwirkungen zu relativieren. Über die jeweils optimalen Funktionsausprägungen erhält das Modell 1 den höchsten Gesamtnutzen (3,125), der jedoch zu einer starken Kostenzunahme (++) führt. Eine Berücksichtigung dieser sich gegenseitig beeinflussenden Faktoren führte im hier behandelten Beispiel zur Auswahl des Modells 2 (mit einem Gesamtnutzen von 2,5). Modell 2 führt zwar zu Preiszugeständnissen gegenüber dem Modell 1 in Höhe von 312,50 DM, es kann jedoch zu niedrigeren Kosten gefertigt werden (grobe Schätzung von Erbsig 400,– DM). Ähnlich ergibt sich ein Preiszugeständnis von Modell 3 gegenüber Modell 2 in Höhe von 597,50 DM, dem allerdings geringere Kosten von nur 500,– DM gegenüberstehen.

d) Die unter b) ermittelten globalen Zielkosten pro Stück werden für die operationale Umsetzung im Target Costing auf die einzelnen Komponenten heruntergebrochen. Die Inanspruchnahme betrieblicher Ressourcen bei der Realisierung der vom Kunden gewünschten Funktionen soll sich dabei an den kundenbezogenen Nutzenanteilen orientieren. Der Gesamtproduktnutzen wird auf 100 % normiert. Daraus ergeben sich folgende Nutzenanteile für die einzelnen Produktfunktionen:

		Teilnutzenwerte	Nutzenanteile
• Gewicht	(12 kg)	0,250	10 %
• Laufruhe/Komfort	(mittel)	0,325	13 %
• Sicherheit	(hoch)	1,000	40 %
• Design	(Unisex)	0,425	17 %
• Zuverlässigkeit	(hoch)	0,500	20 %
Gesamtnutzen des Produkts (ohne Preis)		2,500	100 %

Als nächstes ist zu klären, welche Bedeutung die Produktkomponenten haben, um die Teilnutzenwerte der vom Kunden gewünschten Produktfunktionen zu realisieren. Anhand der sog. Komponenten-/Funktionen-Matrix wird dokumentiert, in welchem Umfang die im Fahrrad verwendeten Produktkomponenten zur Erfüllung der vom Kunden gewünschten Produktfunktionen beitragen. Die kundenspezifischen Teilnutzenwerte der Produktfunktionen werden jetzt nach Produktkomponenten geschlüsselt.

Komponenten-/Funktionen-Matrix:

Funktionen \ Komponenten	Gewicht	Laufruhe/ Komfort	Sicherheit	Design	Zuverlässigkeit	Nutzenanteil der Komponente
Bremssystem			20 %		5 %	25 %
Rahmen	8 %	10 %	5 %	5 %	5 %	33 %
Schaltung			5 %	5 %	5 %	15 %
Beleuchtung			5 %	2 %		7 %
Sonstiges	2 %	3 %	5 %	5 %	5 %	20 %
Nutzenanteil der Funktion	10 %	13 %	40 %	17 %	20 %	100 %

Die Angaben in der Komponenten-/Funktionen-Matrix sind folgendermaßen zu interpretieren: Beispielsweise wird die Funktion »Gewicht« zu 80 % durch den Rahmen beeinflußt und zu 20 % durch die sonstigen Teile. Eine Gewichtung dieser Anteile mit der Bedeutung der Funktion »Gewicht« von 10 % ergibt somit die Werte 8 % und 2 %.

Unter der Prämisse Nutzenanteil = Kostenanteil lassen sich nun jeder Komponente kundenorientierte Anteile an den »allowable costs« zuweisen, die es zu erreichen gilt. Hierzu ist ggf. eine weitere Aufspaltung der Komponentenkosten notwendig.

e) Anhand der Nutzenanteile (x-Wert; vgl. Komponenten-/Funktionen-Matrix) und des jeweiligen Anteils an den »drifting costs« (y-Wert; vgl. Anlage 2) werden die einzelnen Komponenten in das Zielkostenkontrolldiagramm übertragen:

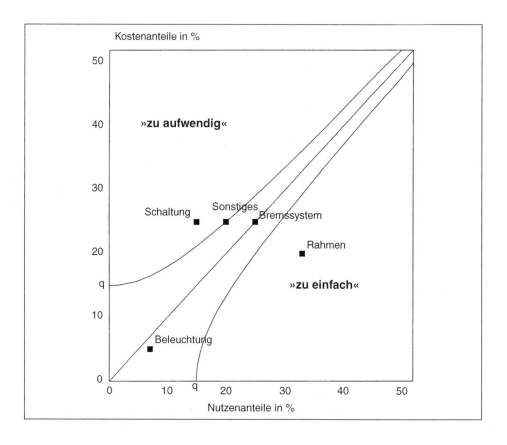

Ist für eine Komponente der relative Kostenanteil größer als ihr Nutzenanteil, so ist sie gemäß der Idealforderung »zu aufwendig« (Beispiel: Schaltung), wobei dies bei Komponenten, die noch innerhalb des Toleranzbereichs (aufgespannt durch die Funktionen
$$y = \sqrt{x^2 + q^2} \text{ und } y = \sqrt{x^2 - q^2}$$
mit q = 15 %) liegen als wirtschaftlich vertretbar angesehen werden kann. Umgekehrt bedeutet ein größerer Nutzenanteil als Kostenanteil, daß die Komponente gegenwärtig noch »zu einfach« realisiert ist und hinsichtlich ihrer kundengerechten Ausführung überprüft werden muß (Beispiel: Rahmen).

Befinden sich Komponenten außerhalb der Zielkostenzone bzw. nicht auf der Ideallinie, so ist zu fragen, inwieweit entweder Kostensenkungspotentiale vorhanden sind oder im entgegengesetzten Fall evtl. eine Verbesserung der Funktionserfüllung zu erreichen ist. Diese Empfehlung kann aber nur dann als richtig bezeichnet werden, wenn für die einzelnen Komponenten nicht nur die relativen Kostenanteile, sondern auch die absoluten Kostenwerte in der Analyse berücksichtigt werden. Der Aussagegehalt des Zielkostenkontrolldiagramms in der bisher dargestellten Form ist diesbezüglich beschränkt, da nur die relativen Nutzenanteile und die im Zeitpunkt der Betrachtung realisierten Anteile der »drifting costs« einander gegenübergestellt werden.

f) Für die Berechnung der neu zu bildenden Kostenanteile sind die »allowable costs i. e. S.« von 750,– DM pro Stück heranzuziehen.

Die folgende Tabelle zeigt die Kostenanteile auf Basis der »drifting costs« (DC) bzw. »allowable costs i. e. S.« (AC) zusammen mit den Nutzenanteilen der einzelnen Produktkomponenten:

Komponente	① Nutzenanteil in %	② Kostenanteil auf Basis DC in % (■)	③ DC-Kostenanteil in DM	④ Nutzenkonformer Kostenanteil auf Basis AC in DM	⑤ DC-Kostenanteil auf Basis AC in % (♦)	⑥ Differenz ③ – ④
Bremssystem	25	25	375,–	187,50	50	187,50
Rahmen	33	20	300,–	247,50	40	52,50
Schaltung	15	25	375,–	112,50	50	262,50
Beleuchtung	7	5	75,–	52,50	10	22,50
Sonstiges	20	25	375,–	150,–	50	225,–
Σ	100	100	1500,–	750,–	200	750,–

Die auf Basis der »drifting costs« bzw. »allowable costs i. e. S.« ermittelten absoluten und relativen Kostenanteile für die einzelnen Produktkomponenten zeigt zusammen mit den zugehörigen Nutzenanteilen das erweiterte Zielkostenkontrolldiagramm:

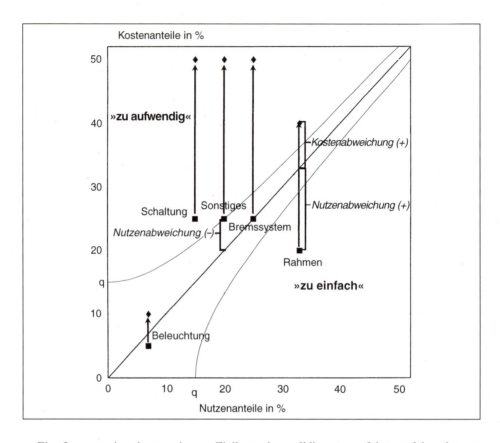

Eine Interpretation des erweiterten Zielkostenkontrolldiagramms führt zu folgenden zusätzlichen Aspekten:
- Die Ausgangspunkte (■) der Kostenpfeile entsprechen den anteiligen »drifting costs«.
- Die Endpunkte der Kostenpfeile (♦) zeigen für die einzelnen Komponenten die absoluten Anteile der »drifting costs« auf Basis der »allowable costs i. e. S.« an.
- Die Winkelhalbierende als Ideallinie der Nutzen-/Kostenrelationen repräsentiert nun für die Kostenanteile nicht mehr die »drifting costs« pro Stück, sondern die »allowable costs i. e. S.« pro Stück (im Fall 750,– DM).
- Alle Komponenten, deren Kostenpfeile – und somit Anfangs- und Endpunkt – unterhalb der »Ideallinie« liegen, haben niedrigere »drifting costs« (in DM) als »allowable costs i. e. S.« (in DM). Hier wäre ggf. zu überprüfen, ob die betreffende Komponente aus Kundensicht »zu einfach« realisiert wurde. Im vorliegenden Beispiel ist dies bei keiner Komponente der Fall.
- Komponenten, deren Nutzen-/Kostenverhältnis auf Basis der »drifting costs« innerhalb der Zielkostenzone positioniert sind, werden mit ihren absoluten Anteilen der »drifting costs« auf Basis der »allowable costs i. e. S.« nun oberhalb der Zielkostenzone ausgewiesen (hier: Bremssystem). Bei diesen Komponenten besteht noch Kostenreduktionsbedarf.

- Komponenten, die auf Basis der »drifting costs« sogar unterhalb der »Ideallinie« positioniert wurden und nun auf Basis der »allowable costs i. e. S.« mit dem Endpunkt eines Pfeils (♦) oberhalb der »Ideallinie« liegen (hier: Rahmen, Beleuchtung) lassen erkennen, daß die absoluten »drifting costs« dieser Komponente im Vergleich mit den zugehörigen Absolutwerten der »allowable costs i. e. S.« zu hoch liegen, obwohl das relative Kostengewicht dieser Komponente (in % der »drifting costs«) im Vergleich mit dem Nutzenanteil bereits eine vermeintlich kostengünstige, d. h. »zu einfache Lösung« signalisiert hat.
- Wird auf der y-Achse (»Kostenanteile in %«) bei den Kostenpfeilen der Komponenten die Differenz zwischen dem Schnittpunkt mit der Ideallinie (bzw. dem zugehörigen Punkt auf der Ideallinie) und dem Endpunkt eines Pfeils (♦) ermittelt, so zeigt dies exakt den notwendigen Kostenreduktionsbedarf dieser Komponente – bezogen auf die »allowable costs i. e. S.« – an. Betrachtet man z. B. die Komponente Rahmen, so entspricht der Ordinatenabschnitt einem Wert von 40 – 33 = 7 %. Bezogen auf die »allowable costs i. e. S.« pro Stück in Höhe von 750,– DM ergibt sich hieraus ein Kostenreduktionsbedarf von 7 % × 750 = 52,50 DM. Das gleiche Ergebnis liefert auch die Differenz der auf die Komponente Rahmen anteilig entfallenden »drifting costs« und »allowable costs i. e. S.«.

g) Die zu untersuchende Gesamtabweichung (GA) ergibt sich aus der Differenz zwischen den relativen »drifting costs« einer Komponente (in % von den gesamten produktbezogenen »allowable costs i. e. S.«) und den relativen »drifting costs« einer Komponente (in % von den gesamten produktbezogenen »drifting costs«).

Durch die Einbeziehung der komponentenspezifischen »allowable costs i. e. S.« (in % von den gesamten »allowable costs i. e. S.« des Produkts (AC)), die den Nutzenanteilen entsprechen, läßt sich die Gesamtabweichung in zwei Teilabweichungen aufspalten, die sich als Kostenabweichung bzw. Nutzenabweichung interpretieren lassen. Vereinfacht gesprochen, repräsentiert die Kostenabweichung die Effizienz und die Nutzenabweichung die Effektivität der realisierten Produktkonfiguration.

Am Beispiel der Komponente »Rahmen« läßt sich die Gesamtabweichung folgendermaßen in die beiden Teilabweichungen aufspalten:

$$
\begin{array}{rlll}
GA & = & dc(AC) & - \ dc(DC) \\
20\% & = & 40\% & - \ 20\%
\end{array}
$$

$$
\begin{array}{rlll}
GA & = & [dc(AC) - ac(AC)] & + \ [ac(AC) - dc(DC)] \\
20\% & = & (40\% - 33\%) & + \ (33\% - 20\%) \\
 & & 7\% & + \quad 13\% \\
 & & \Downarrow & \quad \Downarrow \\
 & & \text{Kosten-} & \quad \text{Nutzen-} \\
 & & \text{abweichung} & \quad \text{abweichung}
\end{array}
$$

mit: dc(AC): relative »drifting costs« einer Komponente (in % von den gesamten »allowable costs i. e. S.« des Produkts (AC)),

ac(AC): relative »allowable costs i. e. S.« einer Komponente (in % von den gesamten »allowable costs i. e. S.« des Produkts (AC)),

dc(DC): relative »drifting costs« einer Komponente (in % von den gesamten »drifting costs« eines Produkts (DC)).

Für die Komponente »Rahmen« zeigt sich, daß die zum gegenwärtigen Zeitpunkt benötigten Kosten um 7 % bzw. 52,50 DM zu hoch sind. Mit anderen Worten: Die Komponente Rahmen ist gegenwärtig noch zu teuer (positive Kostenabweichung). Anderseits liegt eine positive Nutzenabweichung vor. Das kann bedeuten, daß die betreffende Komponente in Relation zu dem auf sie entfallenden Anteil am gesamten Produktnutzen evtl. zu einfach ist. Unter Umständen liegt aber auch eine »intelligente Problemlösung« vor, d. h. der angestrebte Teilnutzen wird mit niedrigerem relativem Kostenanteil voll erfüllt, auch wenn das Kostenniveau noch durch Ineffizienzen zu hoch ist.

Die Summe der Kostenabweichungen entspricht dem insgesamt notwendigen Kostenreduktionsbedarf, der sich aus der Differenz von »drifting costs« und »allowable costs i. e. S.« ergibt (im Beispiel 200 % − 100 % = 100 % bzw. 1.500 − 750 = 750,− DM).

Die nachfolgende Tabelle zeigt für alle Produktkomponenten die Kosten- und Nutzenabweichungen, die sich anhand der Ausgangsdaten ergeben:

Komponente	① DC-Kostenanteil auf Basis AC in % (♦)	② AC-Kostenanteil in %	③ DC-Kostenanteil auf Basis DC in % (■)	①−② Kostenabweichung	②−③ Nutzenabweichung
Bremssystem	50	25	25	25	0
Rahmen	40	33	20	7	13
Schaltung	50	15	25	35	−10
Beleuchtung	10	7	5	3	2
Sonstiges	50	20	25	30	−5
Σ	200	100	100	100	0

18. Kapitel: Qualitätsbezogene Kosten und Kennzahlen

Aufgabe 18.1: Verlustfunktion nach Taguchi

Die VANtastisch GmbH & Co KG produziert schon seit Jahren Lieferwagen für den europäischen Markt. Dabei wurde mit der Qualm AG, einem zuverlässigen Zulieferer, eine monatliche Teillieferung von $z = 1.000$ Stück Auspuffanlagen vereinbart. Aufgrund der strengen Einkaufsplanung soll von der vereinbarten Auftragsgröße höchstens um $d_0 = 10$ Auspuffanlagen abgewichen werden dürfen. Lieferungen, die entweder mehr als 1.010 Stück oder weniger als 990 Stück enthalten, verursachen Fehlerfolgekosten für Rücksendung, Lagerung, Transport und Bearbeitung von $A_0 = 5.000$,– DM.

a) Welchen Wert nimmt der Qualitätsverlust-Koeffizient k an?

Im Januar kam es zu folgenden Teillieferungen:

Lieferung (Nr.)	1	2	3	4	5	6	7	8	9	10
Liefermenge y_i (Stück)	1.007	1.002	1.005	996	1.009	1.001	990	1.007	1.008	1.005

b) Wie hoch ist der Gesamtverlust, der sich durch die ersten zehn Lieferungen angesammelt hat?

c) Mit welchem durchschnittlichen Verlust $L_\emptyset(y)$ muß bei künftigen Teillieferungen gerechnet werden?

Lösung zu Aufgabe 18.1:

a) Der Qualitätsverlust-Koeffizient k ergibt sich wie folgt:

$$k = \frac{A_0}{d_0^2} = \frac{5.000}{10^2} = 50,- \text{ DM}$$

b) Der Gesamtverlust berechnet sich, indem man jeweils die quadrierten Zielwertabweichungen mit dem Qualitätsverlust-Koeffizienten k multipliziert und anschließend die zehn Summanden addiert.

Lieferung	1	2	3	4	5	6	7	8	9	10	Gesamt
Liefermenge y_i	1.007	1.002	1.005	996	1.009	1.001	990	1.007	1.008	1.005	$\bar{y}$ = 1.003
Zielwertabweichungen $(y_i - z)$	7	2	5	–4	9	1	–10	7	8	5	30
Quadrierte Zielwertabweichungen $(y_i - z)^2$	49	4	25	16	81	1	100	49	64	25	414
Mittelwertabweichungen $(y_i - \bar{y})$	4	–1	2	–7	6	–2	–13	4	5	2	0
Quadrierte Mittelwertabweichungen $(y_i - \bar{y})^2$	16	1	4	49	36	4	169	16	25	4	324
Verlust pro Lieferung	2.450	200	1.250	800	4.050	50	5.000	2.450	3.200	1.250	20.700

Der Gesamtverlust beläuft sich auf 20.700,– DM.

c) Der zu erwartende Verlust einer künftigen Teillieferung kann anhand folgender Rechnung geschätzt werden:

$$L_\emptyset(y) = k \times [S^2 + (\bar{y} - z)^2]$$

$$= k \times \left[\frac{1}{n-1} \times \sum_{i=1}^{n}(y_i - \bar{y})^2 + (\bar{y} - z)^2\right]$$

$$= 50 \times \left[\frac{324}{9} + (1003 - 1000)^2\right]$$

$$= 2.250,- \text{ DM}$$

Aufgabe 18.2: Half-Life-Konzept – Basismodell

Auf der Weihnachtsfeier eines Verbands der Elektroindustrie treffen sich zwei Firmenvertreter, deren Unternehmen baugleiche Kühlschränke herstellen. Im Laufe des Gesprächs stellen sie fest, daß in beiden Unternehmen der Lieferprozeß der Kühlschränke durch verspätete Lieferung unverhältnismäßig hohe Kosten verursacht und ab dem neuen Jahr geplant ist, diesen Prozeß genauer unter die Lupe zu nehmen.

Es wird folgende Gemeinsamkeit festgestellt:

	Unternehmen A	Unternehmen B
Durchschnittlicher Ausgangswert der Verspätung im Januar (Y_{t_0})	33 Std.	33 Std.

Die beiden Unternehmensrepräsentanten sind sich darüber im klaren, daß aufgrund des großen Wettbewerbsdrucks eigentlich keine Verspätungen auftreten dürften, was einem $Y_{min} = 0$ entspricht. Nach einigen Wochen verabreden sie sich im April und vergleichen den bisher erreichten Stand der Verbesserung im Vertriebsprozeß:

	Unternehmen A	Unternehmen B
Aktueller Beobachtungswert im April (Y_t)	20 Std.	23 Std.

Die zwei Mitarbeiter diskutieren die Basismodellaussagen des Half-Life-Konzepts und stellen sich nun folgende Fragen:

a) Wie hoch ist die Halbwertszeit t_H in unseren Unternehmen?

b) Wieviele Halbwertszyklen konnten unsere Unternehmen bisher realisieren?

c) Welche Lieferverzugszeiten sind für das Weihnachtsgeschäft der Unternehmen im Dezember zu erwarten?

Lösung zu Aufgabe 18.2:

a) Ausgehend von der Gleichung des Basismodells kann die Halbwertszeit t_H allgemein wie folgt bestimmt werden:

$$Y_t = \left(\frac{1}{2}\right)^{\frac{t-t_0}{t_H}} \times Y_{t_0}$$

$$\Leftrightarrow t_H = \frac{(t-t_0) \times \ln\frac{1}{2}}{\ln Y_t - \ln Y_{t_0}}$$

mit: t = Beobachtungszeitpunkt
t_0 = Ausgangszeitpunkt

Für die beiden Unternehmen errechnen sich die nachfolgenden Halbwertszeiten:

Unternehmen A:
$$t_H = \frac{(4-1) \times \ln\frac{1}{2}}{\ln 20 - \ln 33}$$
$$\approx 4{,}15 \text{ Monate}$$

Unternehmen B:
$$t_H = \frac{(4-1) \times \ln\frac{1}{2}}{\ln 23 - \ln 33}$$
$$\approx 5{,}76 \text{ Monate}$$

b) Die Unternehmen konnten folgende Halbwertszyklen bisher realisieren:

Unternehmen A:
$$i = \frac{t - t_0}{t_H}$$
$$= \frac{4 - 1}{4{,}15}$$
$$\approx 0{,}72 \text{ Halbwertszyklen}$$

Unternehmen B:
$$i = \frac{t - t_0}{t_H}$$
$$= \frac{4 - 1}{5{,}76}$$
$$\approx 0{,}52 \text{ Halbwertszyklen}$$

c) Zur Berechnung der voraussichtlichen Lieferverzugszeiten im Dezember greifen die Mitarbeiter wieder auf die Ausgangsgleichung zurück:

Unternehmen A:
$$Y_t = \left(\frac{1}{2}\right)^{\frac{t - t_0}{t_H}} \times Y_{t_0}$$
$$\Rightarrow Y_{12} = \left(\frac{1}{2}\right)^{\frac{12 - 1}{4{,}15}} \times 33$$
$$\approx 5{,}26 \text{ Stunden}$$

Unternehmen B:
$$Y_t = \left(\frac{1}{2}\right)^{\frac{t - t_0}{t_H}} \times Y_{t_0}$$
$$\Rightarrow Y_{12} = \left(\frac{1}{2}\right)^{\frac{12 - 1}{5{,}76}} \times 33$$
$$\approx 8{,}78 \text{ Stunden}$$

Aufgabe 18.3: Half-Life-Konzept – Schneiderman-Modell

Der Controller eines Versandhauses stellt im Januar 01 ($t_0 = 1$) fest, daß pro Monat von 253.300 verschickten Paketen 20 % falsch zugestellt werden. Als höchstens zulässig erachtet werden $Y_{min} = 100$ Fehllieferungen pro Monat. Aufgrund umfangreicher Verbesserungsmaßnahmen konnte die Anzahl der Fehllieferungen auf $Y_t = 890$ gesenkt werden. Die Halbwertszeit t_H der erreichten Verbesserung beträgt auf Basis des Schneiderman-Modells zwei Monate.

a) Im wievielten Monat t konnte die Verbesserung gemessen werden?

b) Wieviel Halbwertszyklen konnte das Versandhaus zwischen Januar und dem in b) ermittelten Zeitpunkt bereits realisieren?

c) Wie hoch wird die Anzahl falscher Zustellungen voraussichtlich im März 03?

Lösung zu Aufgabe 18.3:

a) Ausgehend von der modifizierten Half-Life-Gleichung nach Schneiderman errechnet sich der gesuchte Monat wie folgt:

$$Y_t - Y_{min} = \left(\frac{1}{2}\right)^{\frac{t-t_0}{t_H}} \times (Y_{t_0} - Y_{min})$$

$$\Rightarrow t = \frac{\ln(Y_t - Y_{min}) - \ln(Y_{t_0} - Y_{min})}{\ln\frac{1}{2}} \times t_H + t_0$$

$$\Rightarrow t = \frac{\ln(890 - 100) - \ln(50.660 - 100)}{\ln\frac{1}{2}} \times 2 + 1$$

$$= 13 \text{ Monate}$$

Das heißt im Januar 02 wurde die Messung von Y_t vorgenommen.

b) Die Anzahl der Halbwertszyklen errechnet sich aus:

$$i = \frac{t - t_0}{t_H} = \frac{13 - 1}{2} = 6 \text{ Halbwertszyklen}$$

c) Für März 03 errechnet sich t = 27. Somit sind bis auf das gesuchte $Y_t = Y_{27}$ alle Werte bekannt und man kann die Anzahl falscher Zustellungen anhand der Schneiderman-Gleichung berechnen:

$$Y_t - Y_{min} = \left(\frac{1}{2}\right)^{\frac{t-t_0}{t_H}} \times (Y_{t_0} - Y_{min})$$

$$\Leftrightarrow Y_t = \left(\frac{1}{2}\right)^{\frac{t-t_0}{t_H}} \times (Y_{t_0} - Y_{min}) + Y_{min}$$

$$\Rightarrow Y_{27} = \left(\frac{1}{2}\right)^{\frac{27-1}{2}} \times (50.660 - 100) + 100$$

$$\approx 106{,}17$$

Im März 03 werden somit voraussichtlich 107 Paketsendungen falsch zugestellt werden.

Sechster Teil:

Kosten- und Ergebnissteuerung in divisionalisierten Unternehmen

19. Kapitel: Verrechnungspreise

Aufgabe 19.1: Lenkungs- und Erfolgszuweisungsfunktion

Die divisional organisierte KBV-Immergrün AG produziert Multimedia-PCs. Division L liefert als Vorprodukt für die Produktion eines Computers durch die Division A jeweils die Mutterplatine. Für die Produktion einer Mutterplatine entstehen bei L variable Kosten in Höhe von 500,– DM. Bei A fallen zusätzlich variable Kosten in Höhe von 600,–DM an. Der Marktpreis für einen Multimedia-PC beträgt 2.500,– DM. Während L die Mutterplatinen auch am externen Markt für 800,– DM absetzen kann, besitzt A auf der Beschaffungsseite keinen Marktzugang. Des weiteren kann L statt dessen seine Anlagen auf die Produktion von Speichererweiterungskarten umstellen, die bei gleichen variablen Kosten für einen Preis von 900,– DM pro Stück am externen Markt abgesetzt werden können. Division A kann diesen Typ von Speichererweiterungskarten nicht verwenden. Die Kapazität der Divison L ermöglicht die Produktion von 1.000 Mutterplatinen bzw. 1.500 Speichererweiterungskarten. Division A kann maximal 500 Computer produzieren.

Es ist das maximale Intervall zu berechnen, in dem der Verrechnungspreis für eine Mutterplatine liegen muß, so daß er sowohl die Lenkungs- als auch die Erfolgszuweisungsfunktion erfüllt.

Lösung zu Aufgabe 19.1:

Grafische Darstellung des Sachverhalts:

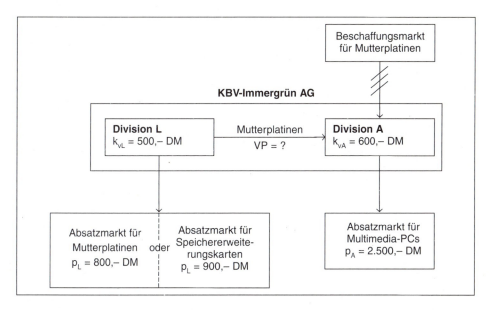

Um die Lenkungs- und Erfolgszuweisungsfunktion zu gewährleisten, muß der jeweilige Verrechnungspreis gewisse Anforderungen erfüllen. Zum einen müssen die Ressourcen in den jeweiligen Divisionen so zum Einsatz kommen, daß durch Optimierung der Divisionsergebnisse auch das Gesamtunternehmensergebnis bestmöglich gestaltet wird. Zum anderen muß der Verrechnungspreis die Erfolgszuweisung, d. h. die Spaltung des Gesamtunternehmenserfolgs in einzelne Spartenergebnisse, ermöglichen.

Da Division A keinen Marktzugang auf der Beschaffungsseite besitzt, wird sie sich von Division L beliefern lassen, solange sie mit ihrer Produktion von Multimedia-PCs einen positiven Deckungsbeitrag erwirtschaftet. Hingegen kann die Lieferdivision nicht nur an Division A liefern, sondern auch auf dem externen Markt absetzen. Zudem kann sie alternativ Speichererweiterungskarten produzieren und verkaufen. Die Division L wird daher neben dem jeweiligen Deckungsbeitrag auch die Opportunitätskosten bei der Berechnung des Verrechnungspreises berücksichtigen.

<u>Berechnung der Verrechnungspreisobergrenze:</u>

Für die Division A gilt:

$$\begin{aligned} d = p - k_v &\geq 0 \\ \Rightarrow \quad p_A - k_{vA} - VP &\geq 0 \\ \Leftrightarrow \quad 2.500 - 600 - VP &\geq 0 \\ \Leftrightarrow \quad 1.900 &\geq VP \end{aligned}$$

Das heißt die Division A wird bis zu einem Verrechnungspreis in Höhe von 1.900,– DM die Mutterplatinen von L beziehen. Es bleibt zu klären, ob die Lieferdivision bereit ist, zu einem Maximalpreis von 1.900,– DM zu liefern. Dies ergibt sich aus den nachfolgenden Rechnungen.

Berechnung der Verrechnungspreisuntergrenze:

Der Verrechnungspreis muß für Division L einen Anreiz schaffen, Mutterplatinen zu produzieren und an Division A zu liefern. Dabei ist auch der Gesamtdeckungsbeitrag der KBV-Immergrün AG zu betrachten, um zu überprüfen, inwieweit der Verrechnungspreis die Lenkungsfunktion erfüllt.

Es sind folgende Situationen möglich:

- Die Division L verkauft Speichererweiterungskarten auf dem externen Markt. Infolgedessen können von der Abnehmerdivision keine Multimedia-PCs produziert und abgesetzt werden. Es ergibt sich:

$DB_L = (p_L - k_{vL}) \times x$ $= (900 - 500) \times 1.500$ $= 600.000,- \text{DM}$	$DB_A = 0$
$\Rightarrow DB = DB_L + DB_A = 600.000 + 0 = 600.000,- \text{DM}$	

- Die Division L produziert 1.000 Mutterplatinen, von denen maximal 500 Stück durch die Division A abgenommen werden. Damit die Lieferdivison überhaupt einen Anreiz zur Produktion von Mutterplatinen erhält, muß der Stückdeckungsbeitrag einer Mutterplatine mindestens gleich dem Stückdeckungsbeitrag einer Speichererweiterungskarte sein. In diesem einfachsten Fall der Vergleichsbetrachtung werden Absatz- und Kapazitätsaspekte noch nicht berücksichtigt. Da die variablen Kosten gleich sind, bildet somit der Marktpreis für Speichererweiterungskarten den Mindestverrechnungspreis für Mutterplatinen. Folglich beträgt die absolute Preisuntergrenze für den Verrechnungspreis 900,– DM. Es ergibt sich:

$DB_L = (p_L - k_{vL}) \times x$ $= (900 - 500) \times 500 + (800 - 500) \times 500$ $= 350.000,- \text{DM}$	$DB_A = (p_A - k_{vA} - VP) \times x$ $= (2.500 - 600 - 900) \times 500$ $= 500.000,- \text{DM}$
$\Rightarrow DB = DB_L + DB_A = 350.000 + 500.000 = 850.000,- \text{DM}$	

Nun wird die Problematik ersichtlich. Obwohl die KBV-Immergrün AG bei einem Verrechnungspreis von 900,– DM einen Gesamtdeckungsbeitrag von 850.000,– DM erwirtschaften kann, der um 850.000 – 600.000 = 250.000,– DM größer als der Deckungsbeitrag bei Speichererweiterungskartenproduktion ist, erhält die Division L in diesem Fall keinen Anreiz zur Mutterplatinenproduktion, da ihr Divisionsergebnis um 600.000 – 350.000 = 250.000,– DM niedriger ausfällt. Somit ergibt sich für die eigentliche Verrechnungspreisuntergrenze folgende Bedingung:

$$
\begin{aligned}
&\Leftrightarrow & DB_L &\geq 600.000 \\
&\Leftrightarrow & (p_L - k_{vL}) \times x &\geq 600.000 \\
&\Leftrightarrow & (VP - 500) \times 500 + (800 - 500) \times 500 &\geq 600.000 \\
&\Leftrightarrow & 500 \times VP &\geq 700.000 \\
&\Leftrightarrow & VP &\geq 1.400
\end{aligned}
$$

Bei einem Verrechnungspreis von mindestens 1.400,– DM besitzt die Lieferdivision einen Anreiz zur Produktion und internen Lieferung von Mutterplatinen. Da die errechnete Verrechnungspreisuntergrenze auch unter der errechneten Verrechnungspreisobergrenze liegt, kann als Ergebnis das Verrechnungspreisintervall [1.400, 1.900] festgehalten werden. Jeder Verrechnungspreis aus diesem Intervall erfüllt sowohl die Lenkungs- als auch Erfolgszuweisungsfunktion. Eine Erfolgszuweisung kann bspw. durch eine anteilige Verrechnung des Gesamterfolgs gemäß den erzielten Deckungsbeiträgen der Divisionen geschehen.

Aufgabe 19.2: Verrechnungspreise

Die divisional organisierte SMS AG besteht aus den zwei Bereichen L und A. Für ein Produkt, das vom Unternehmen hergestellt wird, fertigt die Lieferdivision L ein notwendiges Vorprodukt. Die Division A verarbeitet dieses Vorprodukt zum Endprodukt. Sowohl für das Vorprodukt als auch für das Endprodukt besteht ein externer Markt. Die Divisionen werden jeweils als Profit Center geführt. Als Verrechnungspreis für das Vorprodukt wurde vom Management der langfristige durchschnittliche Marktpreis vereinbart.

Für beide Divisionen L und A gelten die folgenden Daten:

• geschätzter Verkaufspreis des Endprodukts	300,– DM
• langfristiger durchschnittlicher Verkaufspreis für das Vorprodukt	200,– DM
• variable Kosten des Vorprodukts für die Division L	120,– DM
• variable Kosten des Endprodukts für die Division A (ohne Vorprodukt)	150,– DM
• fixe Kosten für die Division L	10.000,– DM
• fixe Kosten für die Division A	30.000,– DM

Dem Leiter der Division A liegt folgende Kalkulation vor:

Verkaufspreis für das Endprodukt	300,– DM
– Verrechnungspreis für das von Division L bezogene Vorprodukt	200,– DM
– zusätzliche variable Fertigungskosten bei Division A	150,– DM
= Deckungsbeitrag (-lücke) pro Stück für das Endprodukt	–50,– DM

a) Es sei nun angenommen, daß Division L ihre gesamte Kapazität durch Lieferung an den externen Markt auslasten kann. Führt der vereinbarte Verrechnungspreis dabei zu einem gesamtunternehmerischen Optimum?

b) Nun sei unterstellt, daß die maximale Kapazität der Division L zur Erstellung des Vorprodukts 1.000 Einheiten pro Monat beträgt und daß derzeit 800 Einheiten auf dem externen Markt verkauft werden können. Zu welchem sinnvollen Verrechnungspreis sollen die restlichen 200 Einheiten an die Division A geliefert werden?

Lösung zu Aufgabe 19.2:

Grafische Darstellung des Sachverhalts:

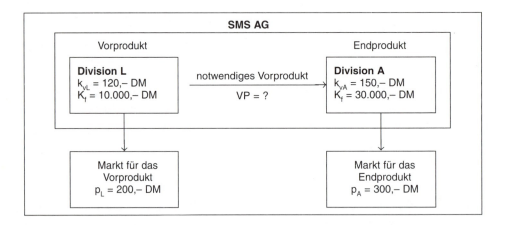

a) Die beiden Divisionen werden als Profit Center geführt. Somit sind die Leiter beider Divisionen angehalten, unabhängig voneinander gewinnmaximierende Entscheidungen zu treffen. Beide Divisionen werden versuchen, größtmögliche Deckungsbeiträge zu erwirtschaften. Da die Division L sowohl bei internem als auch bei externem Absatz den Marktpreis als Erlös erzielt, ist die Entscheidung der Division A, inwieweit sie Vorprodukte von der Division L bezieht, für diese belanglos. Der Leiter der Abnehmerdivision wird sich aufgrund der vorliegenden Produktkalkulation und einer Deckungsbeitragslücke in Höhe von 50,– DM pro Stück gegen eine Produktion des Endprodukts entscheiden. Für die SMS AG ergibt sich daraus folgende Rechnung:

Division L		Division A
p_L	200	
$- k_{vL}$	120	
$= d_L$	80	$d_A = 0$, da keine Produktion erfolgt
$d = d_L + d_A = 80 + 0 = 80,-$ DM		

Durch den Marktpreis als Verrechnungspreis wird verhindert, daß L an A liefert und aus Sicht des Gesamtunternehmens Gewinneinbußen auftreten. Der Verrechnungspreis verhindert unter den gegebenen Voraussetzungen eine Fehlallokation der Ressourcen und erfüllt die Lenkungs- und Erfolgszuweisungsfunktion. Dies impliziert u. a., daß alle denkbaren Synergieeffekte (bspw. Synergien durch Anbieten eines Vollsortiments) im Verrechnungspreis erfaßt wurden, was aber in der Praxis meist nur annähernd erreicht werden kann.

Sollten dennoch Transfers von L an A stattfinden, sinkt der Stückdeckungsbeitrag auf 30,– DM ab:

$$d = d_L + d_A = 80 + (-50) = 30,- \text{DM}$$

oder

$$d = p_A - k_{vL} - k_{vA} = 300 - 120 - 150 = 30,- \text{DM}$$

b) Bei der Ermittlung des Verrechnungspreises müssen eventuelle Opportunitätskosten der internen Lieferung berücksichtigt werden. Für die Überschußkapazität der Division L (bezogen auf den externen Markt) betragen die Opportunitätskosten 0,– DM, da die verbliebenen 200 Stück nicht extern oder anderweitig absetzbar sind und die Restkapazität nicht anderweitig genutzt werden kann. Daher wird die Division L die 200 Vorprodukte an Division A liefern, sofern dadurch die Produktions- und Transferkosten zumindest gedeckt werden. Der so erwirtschaftete Deckungsbeitrag trägt dann zur Deckung der Fixkosten und somit zur Senkung der Stückkosten des Vorprodukts bei. Aus diesen Überlegungen heraus sind die Grenzkosten von $k_{vL} = 120,-$ DM als Mindestverrechnungspreis gerechtfertigt. Es gilt folgende Rechnung:

Division L		Division A	
$E_{L\text{ extern}}$	$800 \times 200 = 160.000$	E_A	$200 \times 300 = 60.000$
$+\ E_{L\text{ intern}}$	$200 \times 120 = 24.000$	$-\ K_{L\text{ intern}}$	$200 \times 120 = 24.000$
$-\ K_{vL}$	$1.000 \times 120 = 120.000$	$-\ K_{vA}$	$200 \times 150 = 30.000$
$= DB_L$	$= 64.000$	$= DB_A$	$= 6.000$
$DB = DB_L + DB_A = 64.000 + 6.000 = 70.000,-$ DM			

Die Division B bezieht Vorprodukte von A, solange sie einen positiven Deckungsbeitrag erwirtschaftet. Die Obergrenze für den Verrechnungspreis errechnet sich somit wie folgt:

$$\begin{aligned} p_A - k_{vA} - VP &\geq 0 \\ \Leftrightarrow \quad p_A - k_{vA} &\geq VP \\ \Leftrightarrow \quad VP &\leq 300 - 150 = 150 \end{aligned}$$

Bei einem Verrechnungspreis von 150,– DM würde der Gesamtdeckungsbeitrag des Unternehmens in Höhe von 70.000,– DM voll durch die Division L erwirtschaftet. Ein Verrechnungspreis von mehr als 150,– DM würde zu einem negativem Deckungsbeitrag bei Division A und dadurch zu einem Nichtbezug des Vorprodukts führen. Dies hätte eine Umsatzeinbuße und letztlich einen geringeren Gesamtdeckungsbeitrag des Unternehmens zur Folge. Der optimale Verrechnungspreis liegt also im Intervall [120, 150].

20. Kapitel: Steuerungsinstrumente zur Erfolgsbeurteilung

Aufgabe 20.1: Erfolgsbeurteilung von Divisionen

Das Unternehmen Diversified & Co. besitzt eine dezentrale Organisationsstruktur. Die verschiedenen Divisionen agieren beinahe völlig unabhängig voneinander. Als Erfolgsbeurteilungsmaßstab der einzelnen Divisionen dient die Kennzahl:

$$RoI = \frac{Gewinn}{investiertes\ Kapital}$$

wobei das investierte Kapital nach der Vorschrift

investiertes Kapital = Gesamtvermögen − kurzfristige Verbindlichkeiten

bestimmt wird.

Die folgende Tabelle gibt eine Kurzform der Bilanz und GuV der Division A und des Gesamtunternehmens an (Angaben in DM):

Bilanz	Gesamtunternehmen	Division A
Aktiva		
Anlagevermögen	6.000.000	400.000
Vorräte, Forderungen, liquide Mittel	3.000.000	200.000
Wertpapiere (Zinssatz 6 %)	1.000.000	−
Passiva		
Eigenkapital (inkl. Gewinn)	4.000.000	300.000
langfristige Verbindlichkeiten	5.000.000	200.000
kurzfristige Verbindlichkeiten	1.000.000	100.000
GuV		
Umsatz	12.000.000	1.000.000
sonstige Erträge	60.000	−
variable Produktionskosten	7.000.000	600.000
fixe Produktionskosten	1.800.000	100.000
sonstige Aufwendungen	2.360.000	200.000
Gewinn	900.000	100.000

Die Division A erwägt ein Investitionsprojekt, das folgende Änderungen in der Bilanz bewirkt (Angaben in DM):

Vorräte, Forderungen, liquide Mittel	+ 50.000
Anlagevermögen	+ 150.000
langfristige Verbindlichkeiten	+ 100.000
Eigenkapital (inkl. Gewinn)	+ 100.000

Das Projekt kann als weitgehend risikofrei betrachtet werden, da es auf einem langfristigen Vertrag mit einem Großunternehmen beruht. Außerdem sei unterstellt, daß die Zinsen für langfristige Verbindlichkeiten gleich hoch sind wie die Zinserträge aus Wertpapieren.

Für die GuV ergeben sich folgende Änderungen:

Umsatz	+ 400.000
variable Produktionskosten	+ 300.000
fixe Produktionskosten	+ 74.000
Gewinn	+ 26.000

Alle nicht erwähnten Positionen bleiben unverändert.

In einem Gespräch mit einem Vertreter der Zentrale, der dieses Projekt als recht günstig beurteilte, machte der Divisionsleiter seinen Standpunkt deutlich, daß er kein Interesse daran habe, dieses Projekt zu verwirklichen.

a) Wie könnte der Divisionsleiter seinen Standpunkt begründen?

b) Wie würde die Zentrale argumentieren?

c) Eignet sich der RoI zur Erfolgsbeurteilung der Divisionen?

d) Welche anderen Größen könnten zur Beurteilung herangezogen werden?

Lösung zu Aufgabe 20.1:

a) Für die Division A gelten folgende Daten (Angaben in DM):

Division A	ohne zusätzliche Investition	mit Investition
Anlagevermögen	400.000	550.000
+ Umlaufvermögen	200.000	250.000
− kurzfristige Verbindlichkeiten	100.000	100.000
= investiertes Kapital	500.000	700.000
Gewinn	100.000	126.000
RoI	$\frac{100.000}{500.000} = 20\,\%$	$\frac{126.000}{700.000} = 18\,\%$

Der RoI der Division A sinkt also durch Verwirklichung der Investition von 20 % auf 18 %. Der Divisionsleiter wird die Investition ablehnen, da seine Erfolgsbeurteilungsgröße sinkt.

b) Für die Beurteilung aus Sicht der Zentrale gibt es zwei <u>alternative</u> Argumentationsweisen:

b1) RoI der Investition

investiertes Kapital 150.000 + 50.000 = 200.000,– DM

Gewinn 26.000,– DM

RoI 13 %

Da das Unternehmen 1.000.000,– DM in Wertpapieren angelegt hat, ist es sinnvoll, die Investition zu verwirklichen, die nach Abzug der Opportunitätskosten (6 % von 200.000 = 12.000,– DM) noch einen Gewinn von 14.000,– DM erbringt. Dabei wird im vorliegenden Fall wegen der Risikolosigkeit des Projekts von der Kalkulation einer Risikoprämie abgesehen.

b2) <u>Vergleich der Durchschnittsrenditen für das Gesamtunternehmen</u> (Angaben in DM):

Gesamtunternehmen	ohne Investition	mit Investition
Anlagevermögen	6.000.000	6.150.000
+ Umlaufvermögen	4.000.000	4.050.000
– kurzfristige Verbindlichkeiten	1.000.000	1.000.000
= investiertes Kapital	900.000	9.200.000
Gewinn	900.000	926.000
RoI	$\frac{900.000}{9.000.000} = 10\,\%$	$\frac{926.000}{9.200.000} = 10{,}065\,\%$

Da der durchschnittliche RoI bei vermehrtem Kapitaleinsatz ansteigt und der RoI über dem Zinssatz für alternative Investitionen (6 % für Wertpapiere) liegt, ist es sinnvoll, die Investition zu verwirklichen.

c) Die Verwendung des RoI als Bewertungsmaßstab birgt Gefahren, die bei seiner Anwendung beachtet werden müssen. Da im vorliegenden Fall die Durchschnittsrendite der Division verwendet wurde, kann der Divisionsleiter von der Verwirklichung des Projekts abgehalten werden, obwohl es aus der Sicht des Unternehmens zu verwirklichen ist. Diese Fehlsteuerung kann sich immer dann ergeben, wenn gilt:

$$k < \Delta R < RoI_0$$

mit: k = Kapitalkosten

ΔR = Projekt-Return-on-Investment

RoI_0 = vor Realisierung des Projekts erzielter Sparten-Return-on-Investment.

d) Als weiteres Kriterium kommt vor allem der kalkulatorische Gewinn in Betracht. Der kalkulatorische Gewinn, d. h. der Gewinn nach kalkulatorischer Verzinsung in Höhe der Kapitalkosten, führt dazu, daß die Divisonsleiter im Sinne des Gesamtunternehmens handeln, wenn als Kapitalkostensatz der Opportunitätskostensatz angesetzt wird. Beträgt der Kapitalkostensatz 6 %, dann würde sich folgende Beurteilung der Investition ergeben:

Gewinn	26.000,– DM
– Kapitalkosten (6 % von 200.000)	12.000,– DM
= Restgewinn	14.000,– DM

Der positive Restgewinn zeigt also die Vorteilhaftigkeit der Investition für das Gesamtunternehmen auf.

Darüber hinaus kommen cash flow-errechnete Maßstäbe für die Beurteilung der Divisionen in Betracht.